# 芸能界の「闇」に迫る

## レプロ・本間憲社長 守護霊インタビュー

幸福の科学広報局 編

## まえがき

テレビや映画等で大活躍中の女優・清水富美加《しみずふみか》さんが、幸福の科学に出家したことが大きな話題になっている。

なぜ彼女が出家したのか。その背景には、清水さんが仕事において葛藤《かっとう》を抱え、心身ともに限界に来ていたにもかかわらず、元所属事務所のレプロエンタテインメントが彼女の健康や安全への配慮義務を怠《おこた》っていたという現実がある。事実、レプロ社は清水さんが病気を理由に休むことを認めず、決められた仕事は全《すべ》てやれ、とまで言ってきたのである。

しかし、こうした事実は残念ながらマスコミではあまり問題にはなっていない。

なぜか。それはレプロ側がこうした点をひた隠してマスコミにも触れさせず、マスコミの前面に出て説明責任を果たすことをあまりしないからだ。

そこで、今回、スピリチュアル・エキスパートによるレプロ社の本間《ほんま》憲《たかし》社長の守護霊霊言を行い、その心の底に秘められた思いを聞くこととした。社会に大きな影響を与える芸能マスコミの世界の中でも、大手芸能プロダクションの影響力は極めて大きく、その社長は十分に公人《こうじん》としての資格を有していると考えるからだ。

タレントや俳優を心の底ではどう思っているのか、芸能マスコミ界の裏側で何が行われているのか。赤裸々《せきらら》に語られた内容を読まれたら、誰もが驚きを禁じえないだろう。

二〇一七年　二月十七日

幸福《こうふく》の科学《かがく》グループ広報局

芸能界の「闇」に迫る　レプロ・本間憲社長 守護霊インタビュー　目次

# 芸能界の「闇《やみ》」に迫《せま》る
# レプロ・本間憲《ほんまたかし》社長　守護霊《しゅごれい》インタビュー

二〇一七年二月十四日　収録
幸福の科学　特別説法堂《せっぽうどう》にて

## 5

## 霊言《れいげん》とは？

「霊言《れいげん》」とは、あの世の霊を招き、その思いや言葉を語り下ろす神秘現象のことです。これは高度な悟《さと》りを開いている人にのみ可能なものであり、トランス状態になって意識を失い、霊が一方的にしゃべる「霊媒《れいばい》現象」とは異なります。

## 守護霊《しゅごれい》霊言とは？

また、人間の本質は「霊」(「心」「魂《たましい》」と言ってもよい) であり、原則として6人で1つの魂グループをつくっています。それを、幸福の科学では「魂のきょうだい」と呼んでいます。

魂のきょうだいは順番に地上に生まれ変わってきますが、そのとき、あの世に残っている魂のきょうだいの一人が「守護霊」を務めます。つまり、守護霊とは自分自身の魂の一部、いわゆる「潜在《せんざい》意識」と呼ばれている存在です。本人の地上での人生経験等の影響により、本人と守護霊の意見が異なるように見える場合もありますが、「守護霊の霊言」とは、本人の潜在意識にアクセスしたものであり、その人が潜在意識で考えている本心と考えることができます。

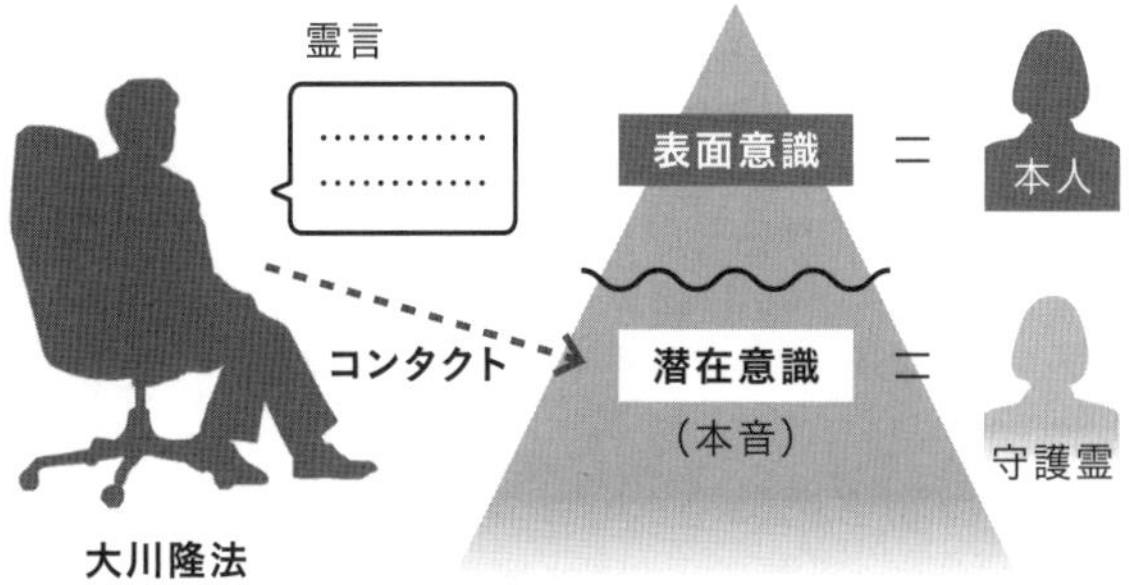


＊なお、「霊言」は、あくまでも霊人《れいじん》の意見であり、幸福の科学グループの見解と矛盾する内容を含む場合があります。

守護霊霊言は、本人の深層心理で考えていることが分かるため、その後、現実に現れてくることが多い。また、あの世の霊人の霊言も、この世の人の本心を読めるため、その後の日本や世界の動きを予言的に捉えることができる。過去、的中したもののなかから一部を紹介する。

## 習近平守護霊が 世界帝国建設の野心を暴露

国家主席に就任する２年半前、性格も不明で、穏健派という噂さえあった頃、習近平氏の守護霊が、「世界帝国」を築くという野心を語った。

**「かつての大唐帝国や元朝のような世界帝国を建設して、『中国の時代が来た』ということを世界に告げたい」** 2010年10月21日収録

習近平氏が2013年に国家主席に就任以降、**南シナ海での人工島造成やミサイル配備**などの**軍事拠点化**を加速。周辺国との緊張が高まっている。

## チャーチルが “中華帝国”の狙いを見抜く

チャーチルの霊が、中国の「新植民地主義」について予測した。

**「アジアからアフリカまで、全部、中国の傘下に入って、ヨーロッパも属国扱いされるという、そういうモンゴルの『元帝国の復活』みたいなのが、まもなく起きようとしている」**

2014年３月６日収録

中国主導の**アジアインフラ投資銀行（AIIB）**を2015年に発足させ、その加盟国を**欧州**や**中東**、**アフリカ**にも広げ、「**頼れる大国**」ぶりを演出している。

## 吉田松陰が消費増税をめぐる衆院解散を予言

2013年10月１日、安倍首相は「志定まれば、気盛んなり」という吉田松陰の言葉を引用し、2014年４月からの消費税率８％への引き上げを表明。１週間後に収録された霊言で、吉田松陰は次のように指摘した。

**「消費税を８パーセントから10パーセントに上げる段階で、やはり、政局に近い争乱は起きてくると思います」** 2013年10月８日収録

８％への消費税率引き上げ以降、景気は低迷。2014年11月、安倍首相は2015年10月に予定されていた**消費税率10％への引き上げ**を2017年４月まで**延期**する方針を示し、**衆院解散**に踏み切った。その後も景気は回復せず、2016年６月、安倍首相は**参院選**を前に、10％への引き上げを2019年10月まで**再延期**した。

# 霊言で語られた 予言・提言

## オバマ守護霊が「アメリカは世界の警察ではない」と発言

オバマ氏の守護霊は、米大統領就任前の霊言で、こう発言していた。

**「アメリカは、国内に多くの問題を抱えていて、これらの多くの問題を解決しなければなりません。ですから、将来、アメリカは『世界の警察』ではなくなるのです」**

2008年11月5日収録

2013年9月10日、オバマ大統領はシリア問題に関するテレビ演説で、「**『アメリカは世界の警察官ではない』との意見に同意する**」と述べた。

## 鳩山・小沢の両氏に霊界から引退勧告

日米同盟に亀裂を生じさせ、迷走を続ける民主党政権を、金丸信、大久保利通が霊言で厳しく批判した。

**金丸「もう、民主党政権は崩壊してなきゃおかしい」／大久保「北欧型の福祉国家を目指しているようだが、もう、あれは先がないよ」**

2010年4月16日収録

外交・経済での失策が続き、2012年12月の**衆院選で民主党は大敗**。3年3カ月ぶりに自民党が政権与党に返り咲き、**安倍政権が発足**した。

## 金正恩守護霊が最高幹部の粛清を示唆

金正日《キムジョンイル》死去の報道を受け、後継者とされる金正恩《キムジョンウン》の守護霊を呼び出したところ、最高幹部の粛清の可能性を示唆した。

**「とにかく、私の指導力を確立することが大事だから、邪魔な動きをするようであれば、こちらにも刺客を送るよ」**

2011年12月20日収録

2013年12月、「国家転覆の陰謀行為」を働いたとして、叔父の**張成沢《チャンソンテク》に死刑判決**を下し、即日執行。最高幹部の突然の粛清は、世界に衝撃を与えた。

## 日銀総裁の守護霊霊言の影響で、経済政策が一変

白川方明《まさあき》日銀総裁（当時）の守護霊を招霊したところ、インフレ目標を否定する背景に、経済成長をバブルと見る貧乏神思想があることが判明。

**「（インフレ目標は）悪魔の教えなんだよ」「『インフレ』っていう言葉を聞いただけで、じんましんが出るんだ」** 2012年1月2日収録

霊言収録翌月の2012年2月、日銀は政策変更を余儀なくされ、**1%のインフレ目標を導入**。翌年、白川氏は任期満了を待たずして日銀総裁を辞任した。

# 芸能界の「闇《やみ》」に迫《せま》る
# レプロ・本《ほん》間《ま》憲《たかし》社長　守《しゅ》護《ご》霊《れい》インタビュー

二〇一七年二月十四日　収録

幸福の科学　特別説法堂《せっぽうどう》にて

本間憲《ほんまたかし》

株式会社レプロエンタテインメント代表取締役《とりしまりやく》社長。学生時代から芸能プロダクションの業務に携《たずさ》わり、一九九一年、三十歳《さい》のときに株式会社レヴィを設立（二〇〇六年に改称《かいしょう》）。長谷川京子《はせがわきょうこ》、新垣結衣《あらがきゆい》などのタレントが所属。

導師・審神者《さにわ》

大川隆法《おおかわりゅうほう》（幸福の科学グループ創始者 兼《けん》 総裁）

スピリチュアル・エキスパート

宇田典弘《うだのりひろ》（幸福の科学副理事長 兼 総合本部長 兼 事務局長）

質問者 ※質問順

里村英一《さとむらえいいち》（幸福の科学専務理事〔広報・マーケティング企画《きかく》担当〕兼 ＨＳＵ講師）

酒井太守《さかいたいしゅ》（幸福の科学宗務《しゅうむ》本部担当理事長特別補佐《ほさ》）

竹内久顕《たけうちひさあき》（ニュースター・プロダクション〔株〕芸能統括《とうかつ》専務取締役
兼 幸福の科学メディア文化事業局担当理事）

〔役職は収録時点のもの〕

# 1　本間《ほんま》社長守護霊《しゅごれい》を招霊《しょうれい》し、今回の騒動《そうどう》の責任を問う

## 能年玲奈《のうねんれな》さんの独立騒動でも悪評の立ったレプロエンタテインメント

大川隆法　女優の清水富美加《しみずふみか》さんが出家《しゅっけ》なされまして、それをきっかけに、新聞やテレビ等で、かなり騒《さわ》がれているようです。ただ、みんながいろいろ議論しているなかで、「どうもよく分からない」というところがあるようではあります。やはり、公式的な契約《けいやく》の問題や、弁護士的な法律の問題として話を聞いていると、さっぱり分からない部分がどうしても残るように思うのです。

今回の問題の半分は、霊的《れいてき》な側面がありますので、これは確かに〝活字〟や〝電波〟にはなじみにくいものではあるでしょう。ほかの人が口を通して説明するのも、なかなか難しいことではあろうと思います。

そこで、少なくとも幸福の科学の信者、会員のみなさまがたには、霊的な側面につ

いても、多少理解していただいたほうがよいのではないかと考えました。なお、これ（本収録の内容）を公的に外側に出すかどうかは、また別途《べっと》検討させていただきます。

さて、清水富美加さんの所属していた「レプロエンタテインメント」という会社は、二〇一五年に能年玲奈《のうねんれな》さんの独立騒動《そうどう》が起きた際、悪評の立ったところです。能年さん本人は、「のん」と名前を変えてまで独立しましたが、先日、「この世界の片隅《かたすみ》に」というアニメ映画で声優をされ、賞をもらったりしています。ただ、彼女についても、レプロ側は、「契約は切れていないんだ。働かなかった分だけ契約更新《こうしん》を続けているんだ」という感じで、まだ縛《しば》りつけているような状態のようですから、あれで、体質がだいぶはっきりと見えたのではないでしょうか。

また、能年さんが、ＮＨＫの朝ドラの「あまちゃん」で主演をやっていたときでも、月給五万円ぐらいで働かせていたようですし、事務所の側は、「ほかのものは全部面倒《めんどう》を見ているんだ」というようなことを言っているようですが、実際は、どうやら服まで自前で全部買わされている状態らしいのです。

これは、はっきり言うと、私の目に浮《う》かんでくるのは、「鵜飼《うかい》いの鵜」です。そのような感じで、「首に縄《なわ》を付けて、魚を捕《と》らせて、捕った魚を全部吐《は》かせる」といったやり方のように見えます。

そういう意味で、レプロの社長は、ビジネスマンとして、凄腕《すごうで》といえば凄腕なんだろうとは思います。

ただ、鵜飼いの鵜のように、魚を捕らせて全部吐かせるだけだったら、鵜は働かなくなるのが普通《ふつう》でしょう。「捕っても捕っても鵜匠《うしょう》に全部取り上げられる」というのならバカバカしいので、鵜は働かなくなると思います。「それでも働き続けてくれる」というのは、かなりの強制力を持っているはずなので、それはすごいなとは思うのです。

## 「闇《やみ》の権力」に光を当てる必要がある

大川隆法　なお、タレントやスターなどは、ある意味で、社会に影響《えいきょう》を与《あた》える立場にはあります。政治家とは別ですが、人々の発言や行動に影響を与えるものではありましょう。しかし、それを裏で動かしているのは、芸能事務所やプロダクション等ですから、そこの社長となれば、顔も見えず、姿も現さずに、闇《やみ》の権力を、ある程度持っているのではないかと思います。やはり、タレントたちの生命について、「生殺与奪《せいさつよだつ》の権」を握《にぎ》って動かせるところに、ある種の〝闇の権力〟は存在するでしょう。

そのように、日本の社会に影響を与えている以上、権力者としての特質の面は、チェックされなくてはいけないとは思うのです。公人《こうじん》としてのチェックは、働かないといけません。「完全に陰《かげ》に隠《かく》れて、裏から操《あやつ》るだけ」というのは、やはり許されない部分があるのではないでしょうか。

能年さんのケースにしても、いまだに、「うちの社員だ。働かない分だけ契約更新している」というようなことを言っているらしいのを見ると、これはほとんど「奴《ど》隷扱《れいあつか》い」だと思います。これを、「業界全体が救えないでいる」という状態ですから、ここには非常に古い制度が残っているでしょう。

ほかに似たようなものがあるとしたら、舞妓《まいこ》さんのところなどもそうかもしれません。あそこも五年ぐらい修行《しゅぎょう》して、やっと芸妓《げいこ》さんになると思うのですが、それをお客さんが水揚《みずあ》げするのに、「育てた費用の三千万円ぐらいは出さないと自由にさせない」という感じだったのではないでしょうか。

あるいは、もっと古い時代で言えば、昭和恐慌《きょうこう》の頃《ころ》の東北の話でしょう。当時、飢《き》饉《きん》に陥《おち》った農民たちの娘《むすめ》が、売りに出されて、自由にならなかったようなことがありました。

さらには、ホンジュラスなど、中南米あたりから人身売買されて、新宿《しんじゅく》近くの新大《しんおお》久保《くぼ》あたりで働かされている外国人女性たちもそうかもしれません。「入国して世話をしたときの借金が二千万円あるから、おまえたちは逃《に》げられない」といった感じで、強制労働させているようなので、警察によく摘発《てきはつ》されていますが、それらと似たようなケースに当たる気がしてしかたがないのです。

こうした「闇の部分」について、もっと光を当てる必要があるのではないかと思いますが、事務所側は、「そんなようなものだ」と認識している節《ふし》があります。

## タレントの心身の健康に対する監督《かんとく》責任が問われる芸能事務所

大川隆法　さて、当会には霊能者が何人かいるので、この社長さんの生霊《いきりょう》というか、

●生霊　生きている人間の霊魂《れいこん》が肉体を抜け出してさまよい、障《さわ》りなどを起こす存在と考えられている。幸福の科学の霊査《れいさ》によれば、本人自身の強い念い（表面意識部分）と、本人の守護霊（潜在意識部分）とが合体したものとされる。

守護霊《しゅごれい》は、あちこちに出ていますし、私のところにも来ていますけれども、言っていることを聞くと、だいたいそういう感じの言い方です。お金のことをよく言いますけれども、お金のことで恫喝《どうかつ》、脅迫《きょうはく》をしてきます。「二十二歳《さい》ぐらいの女性タレントなどには、まだ基本的人権はない」と思っているように感じられます。

そういうことで、本当は、裏からいろいろと手を回して、情報を流し、追い詰《つ》めようとしたのだろうと思いますし、「損害賠償《ばいしょう》がある」とか、お金のことをチラつかせて脅《おど》しているつもりでいるのでしょう。

けれども、ある意味では、そういう芸能事務所の「管理監督《かんとく》責任」、「使用者責任」というのが問われる部分だと思います。「善管《ぜんかん》注意義務」、善意の管理人として、自分のところのタレント、スター等の心身両面の健康をよくメンテナンスして、そして、業務に支障《ししょう》が出ないように図《はか》るのが、経営陣《じん》やマネージャー陣の仕事ではないかと思うのです。そのところを放置して、ただただお金を搾取《さくしゅ》することに専念していたというのは、少々問題があるのではないでしょうか。

テレビに出ている他の人たちも、ほとんどはどこかの事務所に所属しており、自分も似たような境遇《きょうぐう》であるため、そのあたりのことが言えないでいるところがあって、これが「公開性のない部分」なのではないかという気がしています。

## 電通《でんつう》新入社員の自殺問題とも連動した社会問題

大川隆法　とにかく、今日は本間《ほんま》社長の守護霊を呼びますけれども、私は何度か悪魔《あくま》と間違《まちが》えたぐらいですし、そうとうあちこちに出てきています。今は、弱っておられるか、最初のとおり、まだ意気軒昂《いきけんこう》かは知りませんが、今回の一連の騒動も含《ふく》めて、ご意見を伺《うかが》いながら、その本質に迫《せま》り、みなさんに考える材料を与えると同時に、まだ見えていない面について、少し〝スポットライト〟を当ててみたいと思っています。

睡眠《すいみん》時間三時間で働き続けていた清水富美加さんが、昨年、本当は自殺したいと思って、ベランダから飛び降りそうになったような事実を知っていながら、「そんなものは気の迷い」という感じで働かせ続けて、「脅迫すれば働くだろう」と思っていたとすれば、やはり、少なくとも法的責任があると、私は思います。ですから、損害賠償だの何だの言っても、自分たちのほうの責任をまず認めるべきだと考えています。

言いたいことの一つはそういうことです。

もし、それで自殺などをされていたら、それこそ、どうなっていたでしょうか。電《でん》通《つう》のような大きな会社でさえ、新入女子社員一人が自殺しただけで社長が退任に追い込《こ》まれました。それは、社会的な影響力を考えて退任させられているのです。社長がその新入女子を直接働かせていたわけではないでしょうけれども、当然のことながら、そういう社会的責任があるということでしょう。

あの電通などもマスコミの親玉《おやだま》のようなものですが、そういうところでも問題になっていました。そういう事件とも連動して起きているような気がしています。

こうしたことは、おそらく、ほかの芸能事務所でもあるのでしょうけれども、みな、言えないのだと思います。「言えば、クビになるか干《ほ》される」ということで言えないのだろうと思うので、一定の問題提起はしておいたほうがよいのではないかと考えます。

私どものほうは、人助けのつもりでやっていますし、場合によっては、そういう困った人のための〝駆《か》け込み寺〟的な使命も果たさないといけないという気持ちで、今回、対応しているような状況《じょうきょう》ではあります。

以上を前置きにして、ちょっとやってみましょうか。

## レプロエンタテインメント本間憲社長《ほんまたかし》の守護霊《しゅごれい》を招霊《しょうれい》する

大川隆法　レプロエンタテインメントというところは、かなりの数のタレントを抱《かか》えているようではありますが、目立った人としては新垣結衣《あらがきゆい》さんぐらいで、次は清水富美加さんあたりが若手のホープだったと思われますので、経済的に、「この先、まだまだ稼《かせ》げるのに」という思いからすれば打撃《だげき》があったとは思いますが、やはり、自《みずか》らのほうの立場も少しは分かってもらいたいという気はしています。

（里村に）それでは、あなたもいろいろと取材を受けていると思いますけれども、本間《ほんま》社長はなかなか出てこないでしょう。今日は、守護霊《しゅごれい》ではありますが、本人とほとんど同じだと思いますので、あなたもレポーター、インタビュアーを務めてください。

また、霊的な側面がありますので、ほかの、知っている人にも（質問者として）入ってもらっております。

なお、私のほうも意見を言うかもしれないので、今日は、宇田さんにチャネラー（スピリチュアル・エキスパート）として、本間社長の守護霊を受けていただこうと思います。

（宇田に）悪い役ばかりで、すみませんね。

宇田　いえ（笑）。

大川隆法　これによって、教団の実務が止まるので、当会にも〝一日十億円ぐらいの被害《ひがい》〟が出るかもしれないと思ってはいます（笑）。〝十億円ぐらいの被害〟が出るかもしれなくて、総合本部長が被害に遭《あ》う可能性があるのですけれども、悪い役で、まことに申し訳ありません。二、三日、心身の不調を訴《うった》えられてもしかたがないなとは思うのですが、今日は、聖なる任務として受けていただきたいと思います。

前置きは以上にいたします。

それでは、清水富美加さんが所属しておりました、株式会社レプロエンタテインメント代表取締役《とりしまりやく》社長の本間憲《たかし》さんの守護霊をお呼びいたしまして、その本音に迫りたいと思います。

レプロエンタテインメントの本間憲社長の守護霊よ。何度も来ているはずです。

本間憲社長の守護霊よ。

どうぞ、目の前のチャネラーにお入りくださって、われらにお話しください。

（約十五秒間の沈黙《ちんもく》）

## 2 「表に出ないのがプロダクション社長の当たり前の姿だ」

### 「何もしゃべらんからな」と言う本間社長守護霊

里村　おはようございます。

本間社長守護霊　（周囲を見回して）何度も来てるだろう。もういいだろう？　言いたいことは言ったんだから。

里村　いえ、私は、まだお目にかかったことがございません。

本間社長守護霊　おまえ、昨日《きのう》、テレビに出てたやつだな。

里村　はい。

本間憲社長が出てこられないので、今日は、本間憲社長の守護霊様にお話をお伺《うかが》いしたいと思っています。

本間社長守護霊　いつもの場所と違《ちが》うじゃん。俺《おれ》は、表には出ないんだよ。何もしゃべらんからな。

里村　いやいや。「出ない」と言っても、もう来られているので。

本間社長守護霊　言いたいことは、もう、総裁に言ったから。何も言わないよ、今日は。

里村　なぜ表に出てしゃべれないのか、そのあたりも含《ふく》めて、ぜひお気持ちをお伺いしたいと思います。

本間社長守護霊　いや、当たり前だろうが。社長が表に出ないのが、プロダクションの社長の当たり前な姿だよ。当たり前だろう。

里村　いやいや。責任者ですからね。

本間社長守護霊　だから、指示するのが私であって、やるのはマネージャーとか、まあ、副社長が実務なんだけど、やらせてて、俺は後ろにいるだけだ。

里村　なるほど。後ろにいるだけ、と。

本間社長守護霊　ああ。

里村　今日は、ぜひ、そういった話をお伺いしたいと思います。

「もう、事務所はてんやわんやよ」

里村　今、清水富美加《しみずふみか》さんの出家《しゅっけ》が非常に大きな話題になっておりますけれども、率《そっ》直《ちょく》に、今、何を感じていらっしゃいますか。

本間社長守護霊　いや、ウチの事務所と富美加と、直接、話をさせろよ。今日はいないのか？

里村　そういう状態ではないんです。

本間社長守護霊　嘘《うそ》つけ。おまえたちが拉致《らち》したんじゃないかよ。ああ？

里村　違います。

本間社長守護霊　「出家が原因で出れない」って、テレビも、そう言ってただろう？

里村　違います。お話をしたくても出られないぐらい、心身に非常に大きな傷を負われていて、今、療養《りょうよう》中です。

本間社長守護霊　嘘つけよ。ツイッターか何か知らんけど、まあ、そっちは、私、あんま詳《くわ》しくないけど、何かコメントを出してるじゃないかよ。それは元気だってことでしょうが。

里村　医師の指導の下《もと》に、今、体調を整えていて、（体調の）いいときに、やっと少しツイート、あるいは、メッセージ等を書けるという状態です。

本間社長守護霊　いや、それだったら、映画ぐらい出れるでしょうが。

里村　出られません。無理です。

本間社長守護霊　今、ウチがどんだけ被害《ひがい》を被《こうむ》ってるか、知ってるの？　もう、事務所はてんやわんやよ。

里村　てんやわんやですか。

本間社長守護霊　そうだよ！　撮影《さつえい》中の映画と大手企業《ききょう》のCM、どうすんだって、クライアントからクレームの嵐《あらし》だよ。

里村　ほう。

本間社長守護霊　もう、それで、とにかく、幸福の科学が勝手に……。あ、そうそう、言いたかったことが一個あった。
　この間、ウチのな、清水富美加の寮《りょう》をマネージャーに見に行かせたらさ、いないんだよ。拉致したんじゃないか？

里村　何を言っていらっしゃるんですか。

本間社長守護霊　被害届《とどけ》を出そうかって話になってるんだよ。今、母親を探してるんだけど。

清水《しみず》富美加《ふみか》に取り憑《つ》いている本間社長守護霊

酒井　ちょっと待ってください。だけど、あなた（守護霊）、来ていますよね、富美《ふみ》加《か》さんのところに。

本間社長守護霊　どこに？

酒井　どこにって。あなた、来ていたじゃないですか。

本間社長守護霊　富美加？　ああ。富美加の近くに一回……。直接話せないからさ、ちょっと……。

大川隆法　よく取り憑《つ》いているではないですか。何を言っているんですか。

酒井　もう来ているじゃないですか。

本間社長守護霊　話してるよ。

酒井　「来れない」とか言って、来ているじゃないですか。

本間社長守護霊　直接、話をさせろと言って、ウチの事務所に……。

酒井　べったりくっついているでしょう、あなた。

本間社長守護霊　ずーっとじゃねえよ、俺は。ずっとじゃないけど……。

竹内　いえ、でも、あなたは、どちらかというと、富美加さんが何かしようとするときに、必ず来ますよね。

本間社長守護霊　そうだよ。当たり前だ。させないようにしてるんだから。

竹内　あなたが言っている富美加さんへのメッセージの、いちばんのメインは何なのですか。

本間社長守護霊　何が？　だから、「今の地位を捨てるのか？」「今までお世話になった人を、全部、裏切っていいのか？」「今まで頑張《がんば》ってきたけど、ゼロになるよ。ゼロどころか、幸福の科学なんかに、宗教なんかに入ったらマイナスだよ」「全部、無《む》駄《だ》にすんのか？」「親父《おやじ》を楽にさせたいっていう話だっただろう？」と。

竹内　うーん。

本間社長守護霊　なんか、親父も借金を抱《かか》えてるって報道が出てるじゃないか。うん？

# 3　タレントには「仕事を選ぶ権利」はないのか

## 「経営にはお金がかかる」という建前《たてまえ》を強調する本間社長守護霊

酒井　要するに、あなたが言いたいのは、あなたのお金の取り分が少なくなるからやめてくれ、と。会社経営が大変なので……。

本間社長守護霊　何を言ってんだ。おまえは、経営ってものが分かってないな。十三歳《さい》、十四歳で見つけて、そこから養成所、ウチで、ちゃんと話せるレベルにまで育てて。どれだけお金がかかったと思ってるんだよ。

里村　ちょっと待ってください。

本間社長守護霊　「投資」って分からないだろう？　おまえには。

里村　そこに、言っている「建前《たてまえ》」と「実態」との大きな違《ちが》いがあると思うんです。

本間社長守護霊　「建前」って、事実を言ってるんだよ。何言ってるんだ。

里村　何をおっしゃいますか。レプロさんのほうは、そうやって、「タレントを育てるのが大変なんだ」とおっしゃっています。

本間社長守護霊　当然。大変なんだよ。

里村　しかし、実際のところ、みんなタレントさんは苦労しています。ティッシュ配りやバイトまでやって、やっとタレントをやっています。

本間社長守護霊　そりゃそうさ。売れないんだから。本人の努力不足で売れないやつは、しょうがないじゃん。

里村　そういう状態のなかで、ちょっと売れてくると、例えば、「月給制」にして給料を低く抑《おさ》えたりとか、いろいろな実態があるわけですよね。

本間社長守護霊　当たり前だろう。コストを考えないと、会社って経営できないんだよ。分かる？

里村　「コスト」とおっしゃいますけれども、コストとか利益の問題ではなくて。

本間社長守護霊　金だろう（笑）。

里村　「いかに、あなたが懐《ふところ》にお金をたくさん入れるか」、そのためのシステムをつくっているんじゃないですか？

本間社長守護霊　何言ってるんだ。もっと新たな次の層を、またオーディションで選んで育てる。お金がかかるじゃないか。だから、そのためのお金が要《い》るだろうが。当たり前だ。おまえ、こんなの経営の常識だろうが。

## プロダクションは、本当に子供たちの夢を叶《かな》えているのか？

里村　多くの子供たちが、あるいは若い人が、夢を持ってこの業界に来ます。

本間社長守護霊　おおよ。そうよ。

里村　そういう子供たちを、どう思っているんですか。

本間社長守護霊　いや、だってさあ、清水富美加《しみずふみか》だって、「東京ガールズコレクションに出たい」って言って、（レプロのオーディションに）出てたんだよ。要は、そういった十代の子たちはね、だいたい、母親も同伴《どうはん》が多いんだけど、夢や希望っていうか、はっきり言わせてもらうと、「有名になりたい」という欲で来てるわけだよ。だから、それを具体化させてやってるのが、プロダクションでしょうが。

里村　いや、そういう夢を抱《いだ》いている子供たちを利用している、あなたの欲じゃないですか。

本間社長守護霊　「利用」じゃないよ。そうやって夢を叶《かな》えてやってるんじゃないか。そう、そう。夢を叶えるのがプロダクションだよ。おまえ、いいこと……。

里村　しかし、例えば、清水富美加さんは、この業界に入って七年間、そうした自分が思い描《えが》いていた世界とはまったく違う世界で……。

本間社長守護霊　ああ？

里村　そういったものに、一度も「苦しみ」を忘れたことがなかったんですよ。

本間社長守護霊　そんなことないよ。おまえ分かってないな、おっさんだから。

里村　ほう。

本間社長守護霊　女の子がな、要は、メイクさんやヘアカットの人やみんなに囲まれてきれいになっていくんだ、プロがやれば。

それを鏡で見た瞬間《しゅんかん》に、「私はシンデレラ」じゃないけど、「ああ、やっとスターの卵になれた」っていう、この感動は、女子だったらさあ。聞いてみな。もう舞《ま》い上がって、「ああ、この瞬間のために、あれだけ苦労したのねえ」って、そうなる。

しかも、テレビカメラが回って、全国で知られて有名になって、ちやほやされて、みんな周《まわ》りに人がついて、「うわっ、やっとこうなったあ。もう、これが私の夢」って。そう、そう。それを叶えて何が悪いんだ?

「仮面ライダー」のヒロイン役は、富美加《ふみか》さんが自力で取ってきた

酒井　いえ、いえ。ちょっと待ってください。「仮面ライダーフォーゼ」の話も出ていますよね?

本間社長守護霊　ああ？

酒井　あれだって、あなたたちは仕事を取っていないんですよ。

本間社長守護霊　何が？

酒井　彼女が自分で取ってきたわけですよ。事務所が何もしないから。

本間社長守護霊　いや、勝手に、あれは事務所で……。

酒井　それで売れ始めたら、歩合《ぶあい》制だと高いので、「月給制に変える」って言って、やったじゃないですか。

本間社長守護霊　あれ、マネージャーは知ってたんだけどなあ、勝手に行かせたんだよ。俺《おれ》に報告しなかったんだ。
そのときは、もう、俺がマネージャーを厳しく叱《しか》ったんだ。

里村　ほう。

本間社長守護霊　「事務所に断《ことわ》らずに、勝手にオーディション受けるんじゃねえ」って言って。

酒井　だって、仕事がないんですよ。

本間社長守護霊　当たり前だ。親父《おやじ》がしゃしゃり出てきやがってさあ、何だかんだ、契約《けいやく》のことでさ……。こっちはよ、ほかの人と同じようにしてるのに、特別に、何が短くしろだ、何だかんだって言ってさあ。親父が言ってきたからだよ。「親父、出てくんな」って。

酒井　だったら、あなたは、投資なんか何もしていないじゃないですか。

本間社長守護霊　何言ってるんだ。養成するために……。

酒井　何を養成しているんですか？　何にも投資していないじゃないですか。

本間社長守護霊　オーディションをするのにもお金がかかるし……。

酒井　あなた、「仮面ライダー（フォーゼ）」にお金がかかったんですか。

本間社長守護霊　何が？　「仮面ライダー（フォーゼ）」は、たまたまあいつが取ってきて、あとから知ったんだけど、まあ、●ヒロイン的な役だったっけ？　知らないけど、だんだん、それで出てきたから、「ああ、そりゃ、それでいいじゃないか」と。「結果オーライ」なんだ、この世界は。分かるか？

●**ヒロイン的な役**……　清水富美加は、2011年9月から2012年8月まで放送された特撮テレビドラマ「仮面ライダーフォーゼ」に、主人公・如月弦太朗《きさらぎげんたろう》（演・福士蒼汰《ふくしそうた》）の幼馴染みであり、ヒロインの城島《じょうじま》ユウキ役として出演していた。

酒井　いや、ですから、あなたは何の努力もしていないでしょう?

本間社長守護霊　何が?　いや、何言ってる。「仮面ライダー(フォーゼ)」のオーディションに通ったのは、それまでのこちらのトレーニングじゃないか。

里村　いやいや、トレーニングではないです。

酒井　ええ。

里村　〝干《ほ》して〟いたんです。

本間社長守護霊　干してないよ。

酒井　干していました。

里村　干していましたよ。

本間社長守護霊　いやいや、もちろんなあ……。

里村　その当時、彼女は仕事をやっていて、クライアントにも非常に喜ばれていました。なのに、「事務所がその仕事を切った」と。彼女自身が、そういう話を聞いているんです。

本間社長守護霊　そう言わせてるんじゃないの？　あんたがた、怖《こわ》いおっさんが。

里村　いや、いや、違うんですよ。

本間社長守護霊　そんなことない。ちゃんと出してたよ。

里村　いえ、いえ。

本間社長守護霊　確かに、「仮面ライダー（フォーゼ）」はあの子が取ってきたけど、それも、こちらが、下積みで一生懸命《いっしょうけんめい》育てて、オーディションに通るレベルにしてやったからじゃないか。何言ってんだよ。

## 見えてきた、「仕事を干《ほ》す」というレプロの実態

里村　能年玲奈《のうねんれな》さんのときもそうですが、おたくの事務所は、「自社の所属の人の仕事を切る。干《ほ》す」ということをやるんですよ。

本間社長守護霊　あいつはさあ、だって、勝手に「●生《なま》ゴミ先生」に洗脳されて出ていっちゃったんだろうが。

里村　いや、いや。

本間社長守護霊　あれこそさ、本当に、何か、飼い猫《ねこ》に……、じゃないか、飼い犬か、

●生ゴミ先生　滝沢充子《たきざわみつこ》氏。日本の演出家、振付師。能年玲奈とは、演技指導者と生徒として知り合う。能年は、滝沢に「あなたは女優をやらないと生ゴミね」と言われたことから、滝沢のことを「生ゴミ先生」と呼んでいる。現在、能年が立ち上げた個人事務所「三毛 and カリントウ」の取締役。

手を嚙《か》まれたようなもんだよ。

竹内　いや、あの年代の子に「干す」ということを体験させると、そのあと、何も言えなくなるじゃないですか。

本間社長守護霊　当たりめぇだよ。

竹内　それを分かって、やっているじゃないですか。

酒井　それは脅迫《きょうはく》ですよ、はっきり言って。

本間社長守護霊　何言ってるんだよ。別に、「命とか財産を取る」って言ってるわけじゃないわけよ。

酒井　財産ですよ。給料がゼロになりますから。

## 「タレントに仕事を選ぶ権利はない」

竹内　それで、訊《き》きたいのが……。

本間社長守護霊　うん？

竹内　結局、干したあと、その子たちは「思考停止」になるんですよ。もう、〝奴隷《どれい》〟として働き続けるんですよ。

本間社長守護霊　「奴隷」って、当たり前……（笑）。

竹内　それで、そのあと、「死にたい」って言う子が、たぶん富美加《ふみか》さんだけじゃなくて、何人もいると思うんですけれども。

酒井　富美加さんだけじゃなくて、「死にたい」と言う人が出てきたら、その声はどうするんですか。聞いていないんですか？

竹内　「死にたい」と言う人に対して、あなたはそれをどう思うんですか。

本間社長守護霊　何言ってんだ。「有名になりたい。きれいになりたい。そのために何でもします」って入ってくるんだよ。そういう契約なんだよ。

竹内　いや、「死にたい」と言う子は、死んでいいんですか。

本間社長守護霊　ああ？　それは自己責任じゃないの。

竹内　自己責任なんですか。

本間社長守護霊　うん。自分が悪いんじゃないの。

里村　では、夢を抱いて入ってくる子に、何をやらせてもいいわけですか。

本間社長守護霊　いいんじゃないの、やりたいんだから。有名になりたいんでしょ？　美しくなりたいんでしょう？

里村　本人が「嫌《いや》だ」と言う仕事もですか。

本間社長守護霊　いや、映画や舞台《ぶたい》やテレビに出たいんでしょう？　出してやってるじゃないの。

酒井　いや、タレントが「嫌だ」って言って断ったら、どうするんですか。

本間社長守護霊　断ったら、そらあ、干すよ。

酒井　干すんでしょう？

本間社長守護霊　ああ、当たり前だよ。

里村　今、「干す」とおっしゃった。

本間社長守護霊　だから、おまえら、分かってないなあ。相手のクライアントと、ウチの営業の人間が、もう何回もやって、頭も下げて、やっと取ってきたんだよ。

酒井　いや、いや、いや。そうじゃないです。

本間社長守護霊　その営業の苦労をさあ、タレントは知らないくせに、偉《えら》そうに言うなっつうんだよ！

里村　つまり、「タレントに仕事を選ぶ権利はない」ということですか。

本間社長守護霊　ないよ、自分で取ってきたわけじゃないから。

里村　そこが問題なんですよ。

酒井　富美加さんが、例えば、「水着の仕事は嫌だ」と言ったのも事実でしょう？

本間社長守護霊　おまえ、甘《あま》いなあ。芸能界にいる女性に聞いてみな。「水着が嫌だってえ？　そんなんで、この業界は通用しない」って、みんな言うよ。甘いなあ。

里村　そこに、何か倫理《りんり》的な問題というのは感じられませんでしたか。

本間社長守護霊　何、倫理って？（笑）

酒井　いや、それは「人権の問題」もあるんですよ。

本間社長守護霊　何、人権って？　別に、「素《す》っ裸《ぱだか》になれ」ってわけじゃないじゃない（笑）。「素っ裸になれ」って言ってるわけじゃないじゃない。水着ぐらいでしょう？

里村　いや、いや。その水着で始まって、本人がいろいろな意思表示をしても、極端《きょくたん》な場合はそこまで行くんですよ。「裸になる」というところまで行きます。

本間社長守護霊　いや、いや。あの子は、「分かりました」って言って、ちゃんと納得《なっとく》の上で出てんだよ。

酒井　だから、脅《おど》しているからですよ。

本間社長守護霊　脅してない。俺は全然脅してないよ。

酒井　脅しているでしょう。

## 4 所属タレントが「死にたい」と訴《うった》える実態とは

### レプロの体質は電通《でんつう》と同じか

里村　彼女自身が最近のツイッターでも、「怖《こわ》い大人にそうした力を見せられたら、若い子はニコニコして頷《うなず》くしかありません」というようにつぶやいているんですよ。

本間社長守護霊　それはねえ、前半が間違《まちが》ってる。「怖い大人」じゃなくて、「優《やさ》しい大人」とちゃんと相談したら、頷くんですよ。

酒井　いや、あなたの顔は十分に怖いですよ。

本間社長守護霊　俺《おれ》はやってないよ、直接。

里村　直接？（笑）

本間社長守護霊　マネージャーがやってんだよ。しかも、女性のマネージャーをつけてるから。

酒井　いや、直接はやっていないけれども、裏でやっているでしょう。

本間社長守護霊　ああん？　裏っていうかさあ、当然、それくらいはあるだろうって。

酒井　そういう話を聞いたら、どうするんですか。

本間社長守護霊　ええ？

酒井　部下がそういう話をしてきたら。

本間社長守護霊　当たり前じゃん、そんなぐらい。ってていうか、もっとハッパかけて、「もっと仕事やらせろ」と。「ちょっと売れてきたんだから、こんなもん、もっとガンガン入れんかい」というハッパを入れとるよ。

里村　ここは重要な点なので確認したいんですけれども、そうした事務所の指示を、タレントや役者さんの側が「拒否《きょひ》する権利」はないということですか。

本間社長守護霊　ないよ。拒否したら、一カ月、干《ほ》すよ。

里村　干す?

本間社長守護霊　ああ、当たり前だよ、そんなの。

竹内　それでは、その子の心身状態を見て、「このまま仕事を課したら、自殺するかもしれない」と思っても、死んでも構わないということですか。

本間社長守護霊　いや、「思ってる」ったってさ、俺は直接やってねえから知らないけど。

だったらさあ、風邪《かぜ》ひいて休めばいいじゃん、別に。なんで無理して出てくんの？

酒井　風邪をひいて休むのを許すのですか。

本間社長守護霊　何が？　それ、しょうがないんじゃないの？　いきなり自殺にはならないでしょう？

里村　何をおっしゃっているんですか。そちらの代理人は、本人が病気だというのを、「おかしい。仮病《けびょう》じゃないか」と疑って、「働くべきだ」と言っているんですよ。この体質が問題なんです。

酒井　そちらの公式見解ですからね。要するに、「死んでも仕事をやれ」「死んでから文句《もんく》を言え」ということですよね。

本間社長守護霊　いや、だから、ほんとに病気ならさあ、自分で病院に行きゃいいじゃないか。二十二歳《さい》は大人だろう？

酒井　いや、いや、いや。要するに、「死んでから文句を言え。死なないのに仕事を休むとは何事だ」ということでしょう？

大川隆法　●電通《でんつう》と同じですよね。「仕事に食らいついて、死ぬまで放《はな》すな」ということですか。

酒井　「死ぬまでやれ」ということでしょう？

## レプロ側にタレントの安全配慮《はいりょ》義務はない？

本間社長守護霊　なんか、〝不惜身命《ふしゃくしんみょう》〟でやってるんじゃないの？

●電通と同じ……　2015年12月、大手広告代理店の電通に勤務していた女性新入社員が、都内の女子寮で投身自殺し、大きな社会問題となった。以前から、彼女は「死にたい」などのメッセージを同僚や友人に送っていた。社員手帳には、社員の心得として、「取り組んだら『放すな』、殺されても放すな」などの記載があった。

大川隆法　（笑）

酒井　何を言っているんですか。

本間社長守護霊　ここの総裁は、「不惜身命」って言ってますよね？

里村　いや、いや。宗教の聖なる世界のことを言わないでください。

酒井　それは、本人の意志があります。しかし、あなたは、本人の意志がないのに、「死ぬまでやれ」というような強制をしているわけですよ。

本間社長守護霊　本人の意志があって、ガーッて頑張《がんば》って、それで燃え尽《つ》きて死んじゃったら、それ、しょうがないじゃん。

酒井　だから、本人には「意志」がないのです。

本間社長守護霊　いや、こっちがさあ、殺したとかさあ、もうそこまで、何か具体的に追《お》い詰《つ》めたら……。

酒井　いや、はっきり言って、〝殺人〟ですよ。

本間社長守護霊　殺人なら分かるよ？　これはそうじゃないじゃない。

酒井　だから、さっき言ったような「注意義務」なんですよ。

本間社長守護霊　な、何が注意義務だ（笑）。そんなもんはないよ、雇用契約《こようけいやく》じゃないんだから。電通と一緒《いっしょ》にすんなよ。

酒井　いや、雇用契約には安全配慮《はいりょ》義務●だってあるんですよ。

●**安全配慮義務**　労働契約法では、使用者には、労働者が安全を確保しつつ業務に従事できるよう、必要な配慮をする義務があるとされる。使用者がこれに違反し、労働者が被害を被《こうむ》った場合、使用者は損害賠償責任を負う。

本間社長守護霊　ないよ。専属契約なんだから。

酒井　雇用契約じゃなくてもあるでしょう。

本間社長守護霊　専属契約ってのは、「夢を叶《かな》えたら何でもします」って契約なんだよ。

酒井　安全配慮義務はあるんです。

里村　社長、間違いがありますよ。矛盾《むじゅん》があるんです。

本間社長守護霊　何があ？

里村　「所属のタレントや役者は、会社の言うことをきくしかない。従うしかない」

というのは、専属契約ではなくて、実態は完全に雇用契約です。

本間社長守護霊　違うよ！

里村　したがって、安全配慮・注意義務というのがあるんですよ。

本間社長守護霊　おまえな、ウチの弁護士の話、聞いてた？　あのな、普通《ふつう》の会社員だったら、そいつが休んだり死んでも、まだ代わりはいるけど、代替性《だいたい》というか、富《ふ》美加《みか》には富美加以外のキャラはいないんだよ！　だから、できないの！

里村　ところが、それでも最近の裁判では、そこを、「実態は雇用契約だ」と認める方向にどんどん行っているんですよ。

本間社長守護霊　いや、それは別にさ、法廷《ほうてい》でもう一回争おうじゃないか。

里村　それはそれで、法律の問題ですけど。

本間社長守護霊　言っとくけどなあ、最初から言ってるけど、十億は出してもらうからな。

里村　いやいや。あのですねえ……。

本間社長守護霊　おまえらが無理やり連れていって出家《しゅっけ》させたのが、今回のそもそもの原因なんだ。

酒井　いやいや。だけど、一人の人間が……。

本間社長守護霊　おまえらに、幸福の科学に責任があるんだ。

## 所属タレントが自殺したら、社長はどう責任を取るつもりなのか

酒井　ちょっと待ってください。一人の人間が、人格崩壊《ほうかい》したり、自殺したりしたら、あなたはそれでは済まないですよ。

本間社長守護霊　何だよ、それ？　別に……。

大川隆法　「あなたも辞《や》めないといけなくなる」のですから。

酒井　ええ。その責任は問いますよ。すでに問えますよ。

本間社長守護霊　俺は辞めないよ。俺はオーナー社長だし。

酒井　はっきり言って、あなたには、数年前からの責任は問いますよ。

本間社長守護霊　何言ってんだよ。

酒井　いや、あなたは社長でしょう?

本間社長守護霊　俺は、この業界で、まもなくトップになるんだから。

酒井　なろうと関係はないんです。責任は問います。

里村　電通のような大きな会社でも、社長が社員の自殺で辞任に至っているんですよ。

本間社長守護霊　へえ、そうなんだ。まあ、弱いんだね。

酒井　あなたは、人が人格崩壊しても許されると思っているのですか。あなたの事務所には、そういう人もたくさんいるんではないですか。

本間社長守護霊　何が？　みんな喜んで出てるよ。ああ？

酒井　いや、だけど、「死にたい」と言っている人たちが大勢いたということは、聞いていているんですよ。

本間社長守護霊　何言ってるんだ。富美加のあけた穴を、「私に埋《う》めさせてください」って、喜んで、喜んで、みんな埋めるよ。

酒井　いやいや、あなたには聞こえていないのかもしれないけれども、そういう人は、あなたの事務所にはたくさんいるようですよ。

本間社長守護霊　今、あの子があけた穴を、ウチの事務所の誰《だれ》かで埋めようと頑張って交渉《こうしょう》してんだから、うるさいこと言うな！

里村　ですから、その穴なんですよ。あいた穴を……。

本間社長守護霊　おーい！　おまえらのおかげだぜ？　損害賠償《ばいしょう》の訴訟《そしょう》するからな。

里村　違うんです。そこを生んだのが、今、いろいろと語っているあなたの体質なんです。

酒井　あなたが、あけたんですよ。

本間社長守護霊　あけてないよ、おまえ（笑）。

里村　いやいや。

本間社長守護霊　俺は直接やってないんだから。

酒井　あなた、人間はロボットではないんですからね？

本間社長守護霊　おお、ロボットじゃないよ。それがどうした。

酒井　感情があるんです。

本間社長守護霊　ああ？

酒井　感情があるんです。つまり、心があるんですよ。

本間社長守護霊　ああ？

酒井　やりたくない仕事をずっとやらされていると、心が崩壊していくんですよ。

本間社長守護霊　何が壊《こわ》れる？　体が壊れるのは分かるけど、何、何を言ってるの？

「心が追いつかない」って意味が分からない。

里村　はっきり言います。壊したのは、あなたたちなんです。

本間社長守護霊　何言ってんだよ（笑）。

里村　あなたなんですよ。

本間社長守護霊　望んで入ってきたのに、こっち側が無理やりなあ……。おまえらみたいにさあ、連れてきたいわけじゃないんだよ。

里村　いやいやいや、違うんです。あなたの会社の方針で仕事をしていて、そして、結局、ポッカリと穴があいてしまったんです。

本間社長守護霊　あいちゃったって……（笑）。おまえらがあけたんだろうが。

## 「脅《おど》し」は「芸能界の常識」？

里村　その上で、これもまた、重要な点の一つなんですけれども、今、事務所サイドから一生懸命《いっしょうけんめい》に、十億円の損害賠償請求《せいきゅう》だとか、そういうことで脅《おど》せという方向で、方針が出ているんでしょう？

本間社長守護霊　ううん？　出てないよ。

里村　いやいや、分かります、分かります。分かります。

本間社長守護霊　ちゃんと報道で、関係ない別のコメンテーターがそう言ってるだけであって、俺は、「確かに。いいこと言ったなあ」って思ってるよ。「もっと言え」と。

里村　いやいや。業界の人からスポーツ紙の人などを集めて説明したり、テレビ関係の人も集めてやったりしているということを、私はちゃんと聞いているんですよ。

本間社長守護霊　あのねえ、言っとくけど、ウチの会社だけが特殊《とくしゅ》みたいなこと言ってるけど、どこもおんなじだからね？

里村　「どこも同じ」なら、やってもいいんですか。

本間社長守護霊　おお！　何が？

里村　どこも同じなら、そういうことをやっていいのですか。

本間社長守護霊　これが「業界の常識」なんだよ。

酒井　なるほど。では、あなたは「やっている」ということですね？

本間社長守護霊　「やってる」って、別にさあ、人を殺したりしてないよ（笑）。

里村　いやいや。実態としては、もう少しで殺すところですよ。

酒井　最終は「死」に行きますよ。

本間社長守護霊　何言ってんだよ、だから……。

「俺《おれ》は関係ねえよ」と逃《に》げる本間社長守護霊

里村　ですから、いいですか。あなたの会社の方針で穴をあけざるをえなくなった以上、例えば、「契約が途中《とちゅう》で終わった」とか、あるいは、「CM出演がなくなった」、「映画が途中で止まった」などといったものの損失は、会社の責任です。そこは認めるんですね？

本間社長守護霊　個人です！　いや、だから、ウチは責任ないって。本人と、「出家」っていう原因をつくった幸福の科学に責任があるよ。

里村　違います。

酒井　いやいやいやいや。

里村　全然違いますよ。

本間社長守護霊　おまえらこそ責任転嫁《てんか》するなっつうの。

酒井　いや、このままやっていったら、本当にどうなるか分からないんですよ。

本間社長守護霊　何が？　おお、分かんないんだなあ。

酒井　「死」さえ選ぶ可能性はあるわけですよ。

本間社長守護霊　ええ？

酒井　死ぬ可能性だってあるわけですよ。

本間社長守護霊　ああ、それは、もうしょうがないんじゃないの？

竹内　いや、そもそも、あなたの監督《かんとく》責任は絶対にあると思うんですよ。

そもそも、彼女は、七年間、「死にたい」と言い続けてきていて、少なくとも、この半年だけでも、マネージャーとはそうとうな回数話しているはずなんです。それを認識していないということ自体に、社長の監督責任はあるのではないですか。

本間社長守護霊　いや、マネージャーには、「よくコミュニケーションを取るように」って言ってあるからさあ。

竹内　ですから、それができていないということです。

本間社長守護霊　だから、ちゃんと週一回ぐらいは、話は聞いてるよ。

竹内　いや、マネージャーは聞いていても、問題が発生しているわけですよ。あなたには、その責任はないんですか。

本間社長守護霊　それは、しょうがないじゃない。コミュニケーション不足だったんじゃないの？

酒井　いや、ですが、マネージャーは社員ですよね？

本間社長守護霊　うん。それはそうさ。

酒井　社員の責任はあるでしょう。それは、あなたが負うんですよ。

本間社長守護霊　俺《おれ》は社長だから関係ねえよ。

竹内　電通においても、課長や部長ではなく、社長が責任を取っているんですよ。

本間社長守護霊　ほおーう。まあ、上場してるような大きい会社だからねえ。ウチは関係ない。オーナー企業《きぎょう》だから関係ない。

里村　いやいや。オーナー企業だからこそ問題ですよ。

本間社長守護霊　オーナー企業は退《しりぞ》かないの。

里村　いいですか。事実を言いますと……。

本間社長守護霊　何？（笑）

酒井　全責任は、あなたにある。

本間社長守護霊　何言ってるの（笑）。

里村　オーナー企業だから、全責任はあなたにあるんです。

本間社長守護霊　本人の、個人の責任なんだって。専属契約っていうのは、そういうものなんだ。別に、ウチが雇《やと》ってるわけじゃないよ。ウチの社員が自殺したら、まあ、それは多少あるかもしれないよ。そうじゃないの。社員じゃないんです。

里村　ですから、もう本当に、そこに至る一歩手前だったんですよ。

よろしいですか。私どもが事務所側のほうに、「本人は、『死にたかった』と何度も言っていましたよね？」と言ったら、最初は、「そんなことは一度もなかった」と否定したんですよ。

本間社長守護霊　うん。

里村　ところが、しばらくたったら、「確かに、『死にたかった』とは聞いていた」と。しかし、この間、あなたがたの事務所の代理人弁護士も、会見で言っていました。「マネージャーは、愚痴《ぐち》だと思っていた」と。

本間社長守護霊　ああ、それはそうでしょう。

里村　これが、真剣《しんけん》にコミュニケーションを取っている姿勢ですか。これは大変なことです。事務所によっては、万が一《いち》、所属のタレントがそういうことを言ったら、一生懸命にカウンセリングを受けさせたり、休ませたりして、かなり真剣に対応します。ところが、そちらではそれがなかったので、私はびっくりしたのです。

本間社長守護霊　しないよ（笑）。いや、普通の会社でもさあ、ちょっと上司と飲みに行って、「俺、死にたいんだけど」って言ったら、それで、いきなりカウンセリングに行くか？　行かないよ。大げさなやつだなあ。

「断《ことわ》ったら干《ほ》すよ」と言い放つ本間社長守護霊

酒井　だけど、それを医者が聞いたときは違うんですよ。医者がそれを聞いて、放任《ほうにん》した場合、何か事件が起こったら、医者の責任になりますからね。

本間社長守護霊　ああ？　何、医者の責任って。それ、医者の責任か？　ああ、医者の責任なんじゃないの？

酒井　もし、診断《しんだん》したらですね。だけど、同じようなことは、会社だって起こるんですよ。その責任は、社長や上司が取るんです。

本間社長守護霊　だから、何回も言ってるけど、社員なら分かるよ。「社員じゃないんだ」っちゅうんだよ。向こうから、「どうしてもスターになりたい」って来てるんだから。

酒井　いや、七年間、ずーっと言い続けている人間に対して、「聞いてない」だとか。

本間社長守護霊　ずーっと言い続けてません。

里村　だけど、多いときは、週に一度は言ってたんですよ。

本間社長守護霊　そんなバカな。

里村　こういうことに対して、きちんとやっているところは、担当さんが、自分のところの役者さんの様子をすごく見てますよ。ものすごく気にしています。

本間社長守護霊　きちんとやってるとこ、あるの?

里村　あります。そういうところも。

本間社長守護霊　へえー。

里村　特に役者さん系のところです。人数はもうちょっと少ないですけどね。

本間社長守護霊　ああ、少ないのか。

里村　しかし、そういうところも、あるにはあるんですよ。

本間社長守護霊　ウチは多いのよ、役者が。

里村　いやいや、多ければ放置してもいいんですか。

本間社長守護霊　何が？　しょうがないじゃん。

里村　しょうがない？

本間社長守護霊　人気あるプロダクションで、いっぱい来るんだからさあ。

酒井　いや、ただ、稼《かせ》ぎ頭《がしら》の、本当に数人の、二人とか三人のうちの一人でしょう？　富美加さんは。

本間社長守護霊　いや、稼ぎ頭って、「これから」っていうときじゃない。今まで投資して、やっと回収できるって思ったらさ、おまえらが、かっぱらってって。

そうそう、「いちばん最高潮のやつを持ってって、おまえらの広告塔《とう》で使う」って、今日もテレビでやってたぞ。そのとおりだよ。さすが、マスコミ正しいわ。

酒井　いやいや、広告塔だとかじゃなくて、救わないといけないんですよ。

本間社長守護霊　何が？

酒井　もう数年前にドクターストップなんですよ、本当は。

本間社長守護霊　何がドクターストップなんだよ。

酒井　富美加さんは。

本間社長守護霊　そんな話は来てないよ。

酒井　「来てない」っていうか、「それを認識しないこと」は、あなたの責任なんですよ。

本間社長守護霊　いや、マネージャーがそれを聞いて、医者に連れていった診断書なんか、ウチにないもん。

酒井　だから、あなたの責任なんです、それが。

本間社長守護霊　俺の責任じゃないよ。だから、社員じゃないんだから。

里村　私は、マスコミの前で言わせていただきました。「よくもうちの信者にこんな仕事を振《ふ》ってきたな」と。

本間社長守護霊　ああ？　何が？　「何でもやります」って言ったのは、本人なんだからね。

里村　「何でもやります」って……、人肉《じんにく》を喰《く》うようなキャラクター、役割の仕事しか持ってこられないわけですよ、しかも立て続けに。私は、「レプロという会社は営業力がないな」と思いました。

本間社長守護霊　何が、「営業力がない」だ。コミック本で、あんだけ売れてる本の主役だよ。ヒット間違いなしだよ。それに出してやるって、普通、誰だって喜んで飛びつくよ。「その中身がどうだ」なんて、どうでもいいんだよ、そんなことは。

里村　いやいや。色が付くんで。

本間社長守護霊　いいか。どれだけの観客が入るか、どれだけの興行収入が入るかが、要は、配給会社から制作会社の考えなんだから。

酒井　じゃあ、富美加さんが、その映画を断《ことわ》ったらどうなると思います？

本間社長守護霊　断ったら干《ほ》すよ。

里村　干すでしょ？

本間社長守護霊　しばらくは与《あた》えない。当たり前じゃない。普通の子は喜んで……。

酒井　じゃあ、断る権利がないんですね。

本間社長守護霊　いや、はっきり言うけど、ウチのプロダクションのなかで、別の子で、「やりたい」って言ってた子がいたんだよ。それでもやっぱり、向こうからの指名もあって、「富美加がいい」っちゅうから、富美加に話したんだ。

酒井　いや、「やめる」って言えないでしょう、そうしたら。

本間社長守護霊　何が？　「やめる」って、これだけの、ヒットほとんど間違いなしので、「やめる」って言うわけないだろうが。有名になりたいんだから。

# 5　〝人権侵害契約《しんがいけいやく》〟は「業界の共通フォーマット」!?

## 「売上《うりあげ》がすべてで、中身は問わない」のか?

竹内　あなたは、最近、「暗黒女子《あんこくじょし》」とか「東京喰種《トーキョーグール》」とか、どちらかというと、グロテスクなものを中心に（清水富美加《しみずふみか》さんに仕事を）やっていましたよね?

本間社長守護霊　ああ。

竹内　このあとは、どういうものに出そうとしていたんですか。今、「断《ことわ》る権利がない」としたら、グロテスクなものに出たあと、彼女を今後、どういうふうに……。

本間社長守護霊　いや、だからさあ、「東京喰種」は、ちょっと長編だからな。「2」とか「3」とか、これ、どんどん続けようと思ってんだ。

竹内　そうなんですね。「グロテスク系は、出し続ける」と。

本間社長守護霊　ああ。っていうか、おまえら、「グロテスク」とか言うな。要は、「流行《はや》るか、流行らないか」なんだよ。

竹内　それ以外に、何か、もっとエッジの効《き》いたものに出そうとしたんですか。

本間社長守護霊　いや、その先はまだ見えてないかもしれないけども。とにかくさあ、「本人が、どうのこうの」もあるかもしれないけど、おまえらが言うようにさ。それよりも、「どれだけ売れるか」と。

里村　要するに、売上《うりあげ》がすべてなんですね。

本間社長守護霊　当たりめぇだよ。

里村　それがすべてで、中身は問わない？

本間社長守護霊　当たり前。

里村　そのなかで、所属のタレントさん、役者さんが傷つくのも構わない？

本間社長守護霊　おまえなあ、プロダクションのな、本当に欲《ほ》しい仕事が何か、知らないだろう、素人《しろうと》だから。

里村　ぜひ、教えてください。

本間社長守護霊　まあ、せっかくだから教えてやるよ。
　まずな、内容は関係なく、ある程度売れる映画とかに出て、テレビで視聴率《しちょうりつ》が取れる子になったらな、次、何が世間《せけん》は注目するかっていうとな。

里村　はい。

本間社長守護霊　ちょっと、おまえらもよく聞いとけよ。「大手企業《きぎょう》のCM」が来るんだよ。これがおいしいんだ。それまで待ってるんだから。

なのにさあ、まだCM大手二社、やっとすごくいいとこが二つ決まってたのに、おまえらがかっぱらってってくからさあ。あれ、もう、キャンセルだよ。

## 「月給制」に変えた真意は何か

里村　やっぱり、〝鵜飼《うか》い〟ですね。鵜が、次の魚をくわえてくるのを待っている感じですね。

本間社長守護霊　鵜飼い？

里村　つまり、「鵜を働かせて、鵜がやっと魚を口に入れたと思ったら、それを引っ張ってきて、その魚を取る」と。

本間社長守護霊　〝鵜〟って言うけど、おまえ、それを捕《と》れるようになるまで育てたのは、こっちなんだからさあ。親はこっちなんだよ。向こうは子供なんだよ。

酒井　いや、捕るだけが仕事じゃないでしょう。

本間社長守護霊　何が？　それまで捕れないんだから。それまでは捕れないから、ちゃんと餌《えさ》を与《あた》えてるわけだ。な？

酒井　その魚をどうするんですか。

本間社長守護霊　何が？

酒井　その魚は、鵜にはあげないの？

本間社長守護霊　会社がもらうんだよ。当たり前じゃねえか。

酒井　鵜に食べさせないの？　その魚は。

本間社長守護霊　え？　だから、最小限で〝餌を与えてる〟じゃないか。

酒井　最小限で？

本間社長守護霊　おお。

酒井　それが、「月給制」の意味ですか。

本間社長守護霊　そういうこと。「死なない程度」のな。

酒井　「歩合《ぶあい》制だと稼《かせ》いじゃうから月給制に変えろ」と言って、「それを受け入れないなら干《ほ》すぞ」と言ったでしょう?

本間社長守護霊　何が? ちゃんとさ、住むところとか、衣装《いしょう》とか、食事は与えたけど、別に、虐待《ぎゃくたい》でもなければさ、別に何でもないじゃない。

## タレントの権利をどう思っている?

里村　いやいや、人間でそれをやっているとなったら、大変な人権侵害《しんがい》ですよ。

本間社長守護霊　何を言って……。

里村　それから、はっきり言って、これは憲法が禁じている「苦役《くえき》」でしょう。本人が望まない苦役をさせられているというのは、憲法が禁じるところですよ。

本間社長守護霊　何言ってんだ、おっきな会社で……。

●苦役　日本国憲法第18条では、「何人も、いかなる奴隷的拘束も受けない。又、犯罪に因《よ》る処罰の場合を除いては、その意に反する苦役に服させられない」と規定されている。

酒井　あなたねえ、これ、やっていることは、ほとんど〝人身売買〟ですよ。

本間社長守護霊　違《ちが》うって。向こうから、そうしたいって来てるから。オーディション受けて、そして、育ててやったんだよ。どこが人身売買だ。

里村　ちょっと待ってください。向こうって……。

本間社長守護霊　一般《いっぱん》の子たち、いっぱい来るだろう、オーディションに。

里村　あなたの今の話を伺《うかが》っていると、ますます、「そう言わざるをえないようにしているんだ」と思えてきます。

本間社長守護霊　おまえ、最初の話、聞いてなかったろう？　結局さあ、若い女の子たちはさあ、「きれいになりたい。有名になりたい」ってさ。で、「人からいいように見られたい」っていうような思いがあって、それを実現してやってるんじゃないか。

酒井　ただ、あなたは、全部、権利を奪《うば》っているのですよ。

本間社長守護霊　何が?

酒井　自分だけに権利があって、タレントには権利がないから。

本間社長守護霊　いやいや、夢は叶《かな》えてやった。「ありがたい」と思ってるよ。

酒井　あなたたちの契約書《けいやくしょ》は、そういうふうになっていると聞いていますけどね。

本間社長守護霊　な、ガッキー(新垣結衣《あらがきゆい》)だってさ、どんだけ、これだけ苦労して、あそこまでなったと思ってんのよ。

酒井　まったく「タレントの権利」がないのですよ。

本間社長守護霊　何が？

酒井　タレントには、「言論の自由」から何から、何もないのですよ。これは前近代的な仕事ですよ。

本間社長守護霊　言論の自由？　著作権とか、パブリシティ権とか、俺《おれ》は詳《くわ》しくはないから、そんなもん、分かるわけねえだろう。

業界全体でオーソライズされた共通フォーマット？

酒井　女郎屋《じょろうや》に女性を売っているようなもので、まあ、要するに、〝人身売買をする女衒《ぜげん》の男〟ですよ。

本間社長守護霊　何言ってんだ、おめえ。名誉毀損《めいよきそん》で訴《うった》えるよ？

酒井　いやいや、だって、システムがそうだから。何の自由もない。

本間社長守護霊　おまえなあ、ちょっと、弁護士あたり覚えてない？　あ、テレビかな？　要は、ウチだけの特殊《とくしゅ》な契約ならな、まだ甘《あま》んじて受けるよ。もう、業界全体で、オーソライズされた共通フォーマットなんだよ。

酒井　だから、それは、ほぼ、憲法の下《もと》にないのですよ。あなたの言っていることは。

本間社長守護霊　おまえたち、文句《もんく》あるんだったら、「業界全体と戦う」と言うのか？

酒井　いや、「憲法の問題」だけでなく、世界の共通の「人権」の下にもないということですよ、あなたたちは。

本間社長守護霊　何が憲法だ。そんな、憲法なんて考えて仕事してるやつ、世の中にいるかよ。何が「人権」だよ。

## 法律家や記者も驚《おどろ》いた「契約《けいやく》」の実態

里村　実は、私がここ数日間に会った法律家、あるいは記者さんのなかにも、「契約《けいやく》云々《うんぬん》というのは、つまり、これはもう、実質的には身売りのシステムだ」というふうに言っている人がいました。その記者さんのなかには、雑誌の方もいれば、テレビ局の方もいます。

そちらさんの契約というのは、タレントさん、役者さんの義務だけを書いて、そして、権利が何も保障されていないんです。会社側の権利ばかりがあると。「こんな契約書は見たことがない」と、みんな驚《おどろ》いていました。

本間社長守護霊　いや、みんな見たことあるんだよ。おまえから本音を訊《き》き出したいから同調してるだけであって、そこから、一歩、会社に帰ったら、「やっぱりそうでした」って報告してるよ。

里村　いやいや、そういうものを問題にしようとした記者さんが、その取材を進めようとすると、プロダクション側が一致団結《いっちだんけつ》して、「そういうところにはタレントを出さない」と言って脅《おど》して、結局、記事が書けない。それを追及《ついきゅう》する番組はつくれない。そういう壁《かべ》があると言うんです。

本間社長守護霊　当たり前だろう。

だってさ、テレビ局もさ、雑誌もさ、視聴率とか、どれだけ本が売れるかってさ、そこが目標なんだから、そのためには、有名なタレントを出してあげれば、当然、本も売れたり、あるいはテレビの視聴率上げれたり、映画の興行収入も上がるんだから。お互《たが》いに利益が一致してるわけじゃん。当たり前だろう。経済合理性があるじゃない。

里村　それが当たり前ですか？　これは搾取《さくしゅ》のシステムです。

本間社長守護霊　いやいや、経済合理性を追求するために経営してんだからさ、こっちは。

里村　「経済合理性を追求するのであれば、『人権』を無視してもいい、『憲法』を無視してもいい」と、そうお考えですか。

本間社長守護霊　だからさ、ひどい暮らしをさせてるとかさ、食事も与えてないとかさ（笑）、風邪《かぜ》をひいたら病院に行く……。

酒井　ひどい暮らしでしょう？

本間社長守護霊　いや、させてない。だから、風邪をひいてても「病院に行くな」とか、そう言ったとかかな？　そういう証拠《しょうこ》があるなら出してみろよ、そこまでやってないぞ、俺は。

里村　今、言ってるじゃないですか。

本間社長守護霊　何が。

里村　だって、「診断書《しんだんしょ》が信じられない、診断書に疑義《ぎぎ》がある」と、あなたの会社の弁護士が公開の場で言っているんですよ。

本間社長守護霊　当たり……、当たり前じゃない。ちょっと一週間前までピンピンしてたのに、いきなりなんだ、あれ?

「死にたい」というのは業界の口癖《くちぐせ》?

酒井　本当のところは、「ある日、突然《とつぜん》」じゃないんですよ。七年前から……。

本間社長守護霊　前からそうだったたって?

里村　そうですよ。そういうことでは、彼女はずっとですよ。

本間社長守護霊　ちょっと、僕《ぼく》らはそんな、医者じゃないんだから（笑）、そんな兆《ちょう》候《こう》、分からんよ、そら。

里村　そこが、安全の配慮《はいりょ》を何もしていないということじゃないですか。

本間社長守護霊　いや、だから、それは、本人が「おかしいな」と思ったら病院に行けばいいじゃない。そして、診断書を持ってきて、事務所に相談したんだったら考えたよ。それ、してないんだから、あの子の責任でしょうが。

里村　だいたい、おたくの事務所は、「病気になる前に会社に相談しろ」と言っても、相談を聞かないじゃないですか。

本間社長守護霊　いやいや、診断書を持ってきて、「こういうことだから休ませてください」って言ったら、それは考える。いきなりドタキャンするなよ。社会常識なさすぎ。

酒井　「死にたい」と言っていても、普通《ふつう》、病気だとは思わないんですよ。

本間社長守護霊　ま、口癖《くちぐせ》だよ、この業界の。

酒井　いや、本人もね、「死にたい」と言っているのは、病気だとは思わないので。

本間社長守護霊　そうそうそう。富美加《ふみか》だけでなくて、みんな、何人か言っとるけどさ。

酒井　だけど、それで死んでしまう人もいるんですよ。

本間社長守護霊　へええ。どっかいるの、この業界に。

酒井　いや、事件はいっぱいあるでしょう?

本間社長守護霊　あっ、そうなの?

酒井　それで裁判になったこともたくさんありますよ。

本間社長守護霊　へええ、そう?

酒井　経営者の責任に問われたこともあるんですよ。

本間社長守護霊　あっ、そうなんだ?

里村　今、一般の企業では、社員の心の状態等について、ものすごくケアをしていますよ。

酒井　ですから、これは病気なんですよ。

本間社長守護霊　だから、それは社員だからでしょ？　何度も言ってるけど、社員じゃないの。

酒井　いや、しかし、これは「死に至る病《やまい》」でもあるんですよ。

本間社長守護霊　だったら、本人が病院に行けばいいじゃん。

## 二十四時間、心のコントロールを求められるのが宗教家

大川隆法　「業界では共通の契約だ」というような感じで言っていますけれども、本当にあるんですか？　「三時間睡眠《すいみん》で働いて、（報酬《ほうしゅう》の）九割は会社が取り、本人は一割あればいいほうだ」というようなことを聞きましたけれども、それが業界共通なんですか？

本間社長守護霊　いや、もう、忙《いそが》しかったら、それは、三時間ぐらい当然じゃないですか。

大川隆法　「能年《のうねん》さんがやめてからは、一割ぐらいは出るようになった」というような意見も聞いていますがね。

本間社長守護霊　まあ、だんだん看板娘《むすめ》になってきたら、それは、一割とか、ちょっとずつは出したるよ、それくらいは（笑）。その親心はあるさ。

里村　報酬は、会社が「九」で、本人は「一」だけですか？

本間社長守護霊　っていうかさあ、その前に、おまえ、この間、言っとっただろう？　何か、「二十四時間……」って。おまえのところ行ったら、よっぽどブラックじゃないの？　二十四時間働かせるのか？

里村　われわれは聖なる世界で生きていて、われわれの仕事は世間《せけん》とは違うんですよ。

本間社長守護霊　何言ってるんだか、ちょっと分からない。おお、どう違うんだ？　どう違うんだ？　二十四時間、あの子を広告塔《とう》として使い倒《たお》すんかい？　ええ？

里村　ええっ？　そんなこと、一言《ひとこと》も言っていませんよ。

本間社長守護霊　「二十四時間働け」って言ったの、あんたじゃない？

里村　一言も言っていません。二十四時間、「心のコントロール」が求められるのが宗教家なんですよ。

本間社長守護霊　ちょっと意味分からん（笑）。何が……（笑）。

里村　分からないでしょう？

本間社長守護霊　「心」のなかの何が仕事なの、それ。

里村　だから、分からないでしょう?　宗教の聖なる世界は。

本間社長守護霊　いや、俺だけが分からないんじゃなくて……、たぶん、みんな分かんないと思うよ。

大川隆法　「二十四時間」というのは、例えば、夜中でも、あなたのように、社長の生霊《いきりょう》がこちらにやってきたりすると、これの相手をしなければいけないわけです。だから、二十四時間になるんですよ(笑)。

本間社長守護霊　いや、それはだって、おたくらがおかしなことをするからさあ。もう、普通でいけないからさ、思わず、「思い」っていうか、「俺」なんだけど、なんか来ちゃって、言ってるんじゃないか。

里村　彼女はこちらへ駆《か》け込《こ》んできたんですよ。

本間社長守護霊　おまえらが非常識なことをするからだよ。

竹内　あなたは守護霊ですよね？

本間社長守護霊　いや、俺だよ（笑）。俺は本間だ。

**四六時中《しろくじちゅう》取り憑《つ》いた生霊《いきりょう》による「霊的《れいてき》ストーカー行為《こうい》」**

竹内　まあ、いいですよ。あなたは今、毎日、彼女のところへ来ていますよね？

本間社長守護霊　当たり前だよ。だって、「帰りたい」って言ってんだから。

竹内　一日二十四時間のうち、けっこうな時間、来ていますよね？

本間社長守護霊　そうだよ、おお。だから、富美加だろ？

竹内　ええ。そんなに彼女に取り憑《つ》いていたら、それは、もはや霊的《れいてき》ストーカー行為《こうい》ではないですか。

本間社長守護霊　何？　それ、違法《いほう》ですか？（笑）

竹内　霊的な話をしているんです。そんなに彼女に取り憑いて、彼女を精神的に苦しめるのは、あなたの信条として正しいことなんですか。

本間社長守護霊　というか、こっちが苦しめられてるんだよ。どんだけ、今、会社んなか、ドタバタしてるか分かってんの？

竹内　いや、あなたが来るたびに、彼女は精神に支障《ししょう》をきたすんですよ。

本間社長守護霊　へえー、そうなんだ。

大川隆法　こちらは「お祓《はら》いする」のを仕事にしているから、身柄《みがら》を保護しているんですよ。

竹内　そうです。今、夜中になると、だいたい、何者か、あなたらしき霊が来て、彼女は精神に異常をきたして寝《ね》られない日々が続いているんです。それを認めますか？

本間社長守護霊　何が？

竹内　あなたですか？　あなたが来てるんですか？

本間社長守護霊　いや、だから、「戻《もど》りたい」という思いとか、「申し訳ない」という思いがあるから俺が来て、「ああ、そうかそうか」って言ってさあ、その思いをお互いに共有してるんだよ。

清水富美加《しみずふみか》さんを苦しめている「霊《れい》」の正体は?

竹内　いや、もう一度確認します。夜中に清水富美加《しみずふみか》さんのところに来ているのは、あなたですか?

本間社長守護霊　そうよ。俺だよ。

竹内　やはり、そうでしたね。

本間社長守護霊　うん。何が悪い?

竹内　ということは、彼女が今、寝られない日々を過ごしているのは、あなたのせいですよね?

本間社長守護霊　何が？　いや、別に、昼間……、一日仕事ないんだろ？　昼間寝りゃいいじゃん。

竹内　昼間は出家修行《しゅっけしゅぎょう》と、療養《りょうよう》をしています。

本間社長守護霊　ど、どんな……。ああ、そうそう。もう一個訊《き》こうと思ってたんだよ。「出家修行」って、何、何、何なんだ？

竹内　いや、そのあたりはいいんです。訊きたいのは、今、あなたが取り憑いているることによって、彼女は今、どんどんどんどん精神的に仕事ができない状態になっているんですよ。

本間社長守護霊　ああ、そうなの。

竹内　それはどう思うんですか。

本間社長守護霊　もう、しょうがないんじゃないの？　だって、本人がまいた種なんだから。

竹内　なぜ、それが、本人がまいた種になるんですか。

本間社長守護霊　だから、勝手にドタキャンするから。こっちは忙しくて大変だから、もう戻ってこいと。

ああ、言っとくわ。今週中、今日明日《あす》ぐらいに戻ってくるんだったら、許してやるよ。うん。早く決断しろ。

竹内　彼女に、「仕事をしないなんて、おまえはバカだ」というようなメッセージも送ってきていますよね。

本間社長守護霊　うん？　当たり前だよ！　ここまで頑張《がんば》ってきて、誰《だれ》がここでこの地位を捨てるよ？

レプロは完全に「オーナー・ワンマン企業《きぎょう》」

酒井　この前、彼女の体を通してしゃべった霊《れい》は、あなたですか？

本間社長守護霊　何が？

酒井　彼女の口を通して発言したのは。

竹内　数日前の夜中、彼女が霊言《れいげん》状態になりました。

本間社長守護霊　ああ、俺かもしれないし、いろんなほかのも来てるんじゃないの？

竹内　「ほかの」って、誰ですか？

本間社長守護霊　いや、知らん。友達か……、だから、知らんよ、ほかのは。

竹内　「友達」って？

本間社長守護霊　まあ、関係ない。知らん、俺は知らん。別に、俺は俺で動いてるから。

竹内　だいたい、あなたがメイン？

大川隆法　おたくの会社の人は、もうほとんど、社長の生霊《いきりょう》ばかり来て、副社長も一回ぐらいは来たこともあるけど、弱くて……。

本間社長守護霊　ああ、弱い。うん。

大川隆法　あと、女性のマネージャーですか？　昨日《きのう》の夜に一回来ましたけれども、これも弱い。

本間社長守護霊　はい。

大川隆法　だから、もう、ほとんどあなたの言いなりですよね。

本間社長守護霊　そうです。

大川隆法　もう、完全にワンマン企業《きぎょう》ですね。

本間社長守護霊　当たり前……、オーナー・ワンマン企業なんです。

大川隆法　完全にワンマンですね。

本間社長守護霊　私が会社のトップですから。

## もしも社員が社長に逆《さか》らったら、どうなる？

酒井　社員があなたに逆《さか》らったら、どうなります？

本間社長守護霊　何が？　逆らわないよ、まず（笑）。

酒井　いや、逆らったらどうなります？

本間社長守護霊　いや、別に、いくらでも代わりはいるから。

酒井　クビ？

本間社長守護霊　うん。クビというか、仕事を上手に減らしていって、まあ……。別に、代わりはいくらでもいるから（笑）。

# 6　その本質は「蟻地獄《ありじごく》の鬼《おに》」なのか？

「もっと仕事しろ」「仕事選んでんじゃねえ」と励《はげ》ました？

竹内　あなたの会社でも、「死にたい」と言っているタレントさんがほかにもいるのではないかと思うんですけれども、その人たちは、なぜ、「死にたい」と思うんですか？　それは、あなたみたいな方が霊的《れいてき》に取り憑《つ》くことによって、「死にたい」と思ってしまうわけですか？

本間社長守護霊　違《ちが》うよ。仕事のプレッシャーに耐《た》え切れないいんじゃないの？　しょせん、本人の器《うつわ》でしょ？

酒井　いやいや。あなたの会社に、そういうことで死んだ人もいるのではないんですか？

本間社長守護霊　いないよ（笑）。

酒井　いない？

本間社長守護霊　いない、いない。

酒井　では、そういった霊が見えませんか？　そういうことで死んでいった方々の霊が。

本間社長守護霊　いや、全然。

酒井　見えない？　そういう姿が。

本間社長守護霊　いーや。

酒井　見えない？

本間社長守護霊　いーや。もう、そんなの、地獄《じごく》に堕《お》ちてるんじゃないの？

竹内　清水富美加《しみずふみか》さんが、「死にたい」と思っていた時期があります。

本間社長守護霊　へえー。

竹内　そのときは、霊的には誰《だれ》が清水富美加さんの近くにいたんですか？

本間社長守護霊　誰がいた？　そう……、誰だろうねえ？　死神《しにがみ》じゃないの？　それは。

竹内　死神？

本間社長守護霊　うーん。「死ね、死ね」って言ってるんじゃないの？　そいつが。

竹内　あなたは、まったく関与《かんよ》していない？

本間社長守護霊　ああ？　俺《おれ》（笑）、俺は「もっと仕事しろ！」って言ってんだよ。

竹内　なるほど。

本間社長守護霊　「仕事選んでんじゃねえ」と。「もっと頑張《がんば》れ」と励《はげ》ましてるんだよ。

## 内面に潜《ひそ》む「東京喰種《トーキョーグール》」と同質のもの

大川隆法　「東京喰種《トーキョーグール》」は人肉《じんにく》を喰《く》うような映画らしいですが、これは、実はあなたと同質のものがあるのではないですか。実際、あなたは人を喰って生きているんでしょう？

本間社長守護霊　当たり前じゃないか。

大川隆法　単に同質なのではないですか。

本間社長守護霊　だから、たくさん集めて、おいしいやつを育てて食べるんだ。当たり前じゃない、そんなの。

大川隆法　人を食べているんですね。

本間社長守護霊　あっ、食べるじゃないわ。育ててんだよ。世に出してるんだ。

竹内　あなたのお住まいはどこですか。

本間社長守護霊　住まい？　家だよ。

竹内　家というのは、この世の家じゃなくて……。

本間社長守護霊　「この世」って何？

竹内　「あの世の家」はどこなんですか。

酒井　たまに何か帰る場所があるでしょう？　たまに行く場所はどこですか。

本間社長守護霊　うん？　いや、俺は芸能事務所とか撮影所《さつえいじょ》とか……。

酒井　いや、それ以外のところで、何か洞窟《どうくつ》とか、そういうところに行ったことはありますか。

本間社長守護霊　洞窟……？

酒井　普段《ふだん》、旅行しにいくことはないですか。

本間社長守護霊　ないよ。そんなの全然ないよ。

大川隆法　レプロエンタテインメントではなくて、本当は〝レプタリアンエンタテインメント〟ではないのですか。あなたは〝人を食べる〟のでしょう？　性格的にそう見えるのですが。

竹内　普段、あの世の世界ではどんな食事をしていますか。

本間社長守護霊　あの世の世界で？

竹内　ええ。昨日《きのう》は何を食べましたか。

●レプタリアン　爬虫類的性質を持つ宇宙人の総称。「力」や「強さ」を重視し、一般に攻撃性、侵略性が強い。外見は、爬虫類型のほか、肉食獣型や水棲人型、人間に近い姿の種族も存在するという。地球に移住し、「進化」を担う使命を持った「信仰レプタリアン」も存在する。『ザ・コンタクト』（幸福の科学出版刊）等参照。

本間社長守護霊　いや、食べてねえよ、別に。そういや、あんまり食べてないなあ。ああ、でも、好きなのはねえ、真っ赤《か》なワインかな。

酒井　血ですね。

本間社長守護霊　あ？

酒井　〝人の生き血〟ですか。

本間社長守護霊　いやあ……、何言ってんの（笑）。「ワイン」と「血」の違いも分からんのか、おまえ（笑）。いや、アホなこと言うなよ。

酒井　人の血を見ると、どう思いますか。

本間社長守護霊　いいねえ。やっぱり、「恐怖《きょうふ》」はねえ、儲《もう》けになるんだよ。殺人ぐらいやんなきゃさ、映画んなかでだよ？　それは金になんないから（笑）。

酒井　なるほど。

「役に立たないやつは棒でブチャッと潰《つぶ》す」

酒井　昨日、あなたが出てきたとき、何か〝悟《さと》り〟が進んだのかもしれないけれども、「魂《たましい》的な本質としては、私は鬼《おに》だ」と語ったんですよね。

本間社長守護霊　おお、おお、おお、おお、おお。働かすんだよ、もう。当たり前だ。机の上を、こう叩《たた》いて……。

酒井　どういう鬼なんですか。

本間社長守護霊　何が？

酒井　すごく強い鬼なんですか。

本間社長守護霊　人を働かすんだよ。当たり前じゃねえか。社長だもん。鬼になんなきゃいけないときもあるだろう。

大川隆法　人喰い鬼でしょう?

本間社長守護霊　……まあ、役に立たないやつはしょうがないんじゃないの?　食べるしか。

竹内　食べてしまう……。

里村　ある程度働かせて、だいたい用済《ようず》みとなったら、あとは喰う?

本間社長守護霊　だから、何回も言うけど、本人はいい思いをしてるんだっつうの、

「用済み」って言うけどさ。「人を使い捨てしてる」みたいに言うなよ。

酒井　あなたは平安の頃《ころ》の「羅生門《らしょうもん》の鬼」とか、何か思い出はありませんか。

本間社長守護霊　羅生門とか、何それ？　分かんないけど。

酒井　その時代は知らないですか。

本間社長守護霊　知らん。

酒井　鬼はどういうところにいると、いちばん偉《えら》くなれるんですか。

本間社長守護霊　いや、それはあれなんじゃないの？　裁判所の裁判長みたいなのじゃないの？　俺は〝そっち系〟じゃないけどね。

酒井　どっち系ですか。

本間社長守護霊　ああ？　いや、だから、「こいつは、もう駄目《だめ》」ってやつを叩くやつだ。

酒井　どういうもので叩いているんですか。

本間社長守護霊　棒でバーンッて。

酒井　棒ですか。

本間社長守護霊　うん。もう、ブチャッと潰《つぶ》す。

酒井　潰してしまうんですか。

本間社長守護霊　おお。もう役に立たないやつ、生きてても しょうがないだろうが（笑）。「鬼《おに》の世界」には血の池地獄《じごく》もある？

酒井　それで、あなたの主食《しゅしょく》は何ですか。

本間社長守護霊　主食？　主食は、そらあ、普段は……。まあ、年齢《ねんれい》的には、最近、コレステロール値が上がってきたけど、肉は好きだな。

酒井　それは、〝人〟ですか。

本間社長守護霊　……ああん？　高級ステーキっていったら、牛《ぎゅう》でしょ。人を喰うかよ（笑）。おまえ、バカにすんな。おまえこそ、絶対訴《うった》えてやるからな、名誉毀損《めいよきそん》で。

竹内　この世のあなたはそうなんでしょうけれども、今、霊体《れいたい》になっているあなたは

●霊体　人間とは、本来、肉体に魂が宿っている存在であり、魂は何層かの構造になっている。霊体とは、幽体を脱ぎ捨てた姿のこと。ただし、ここでは「霊的な体」という意味で、本間社長守護霊が霊的な存在であることを示している。

何を食べるんですか。

酒井　あなたは守護霊だから。

本間社長守護霊　「霊体」って意味分からんですよ（笑）。

酒井　いや、いや。あなたから「魂的に」という言葉が出てきたのは、かなり霊的な悟りが高まったからですよ。

本間社長守護霊　だから、鬼《おに》もあるけど、まあ、女も好きだしな。

酒井　ああ。それは鬼の世界ではないんですか。

本間社長守護霊　ああ？　鬼の世界でも、女を好きなやつはいるんじゃないの？

酒井　まあ、そっち系なんですね。

本間社長守護霊　いや、女が好きな鬼は、そういうところにも行ったりしてるなあ。女が落ちてきて、煮《に》るっていうか。

酒井　煮る？

本間社長守護霊　落ちてきて、煮たり、まあ、なんか池に落としたりとか。そういうのも、ときどき……。

酒井　それは、血の池地獄《じごく》じゃないですか。

本間社長守護霊　はあ？　違うよ。ちゃんと、ワインの〝いい香《かお》り〟がしますよ。

里村　あなたには、それがいい香りなんですね。

酒井　それでは、お湯の色は赤色？

本間社長守護霊　知らんよ。とにかく、ワインとステーキは合うんだよ。分かる？もう。

酒井　ああー、そういうことですね。

本間社長守護霊　俺、多少グルメだから。分かる？

酒井　なるほど。

入ったタレントを逃《に》がさない一種の「蟻地獄《ありじごく》」？

酒井　では、落ちてくる女性を見るのが好きだとか、そういう感じですか。

本間社長守護霊　だから、何度も言うが、勝手に落ちてくるんだからね。俺が落としてんじゃないからね。

竹内　芸能事務所に所属している人たちは、あなたの鬼の世界にけっこういらっしゃるんですか。

本間社長守護霊　いや、だから、社長はみんな、そのくらいのレベルになんないとさあ（笑）、この芸能界でやってけないよ。「みんな好きにやってください。自由に作品に出てください」って言ったら、そんなの、絶対、仕事来ないから。

竹内　所属している人たちは、今、あなたのそういう地獄《じごく》の鬼の鎖《くさり》でつながれているような感じなんですか。

本間社長守護霊　知らんよ、俺、そいつらじゃねえから（笑）。

酒井　ただ、落ちてきた女性が逃《に》げようとしたなら、どうしますか。

本間社長守護霊　逃げれないよ。何か知らないけど、逃げれないよ。

酒井　逃げられない？

本間社長守護霊　ああ。何か知らんけど、逃げれないんだ。

里村　逃がさないようにしているんじゃないですか。

本間社長守護霊　いや、だから、俺が「逃がさない最終責任者」だから。まあ、責任者なんだよ。

酒井　やはり、逃がさないんでしょう（苦笑）。逃がさないわけですね。

本間社長守護霊　直接、逃がさないようにしてるやつはいるよ。

酒井　ああ、「何か知らないけど逃げられない」というのは、「部下が逃がさないようにする」ということですか。

本間社長守護霊　そう、そう、そう。俺は直接やらないけど、「おいおい、おいおい、そこ！　なんか出ようとしてるやつ、何とかしろ」みたいなのをやってる。

大川隆法　レプロというのは、「蟻地獄《ありじごく》」のようでもあるわけですね。一種の「蟻地獄」なのでしょう。

酒井　なるほど。逃げられないわけですね。

本間社長守護霊　そう、そう。

酒井　その子たちは、逃げるときに何と言っていますか。

本間社長守護霊　何が？

酒井　逃げたいときに。

本間社長守護霊　「もう、毎日こういうのはつらいから、そろそろ嫌《いや》です」って言ってくるわ。

酒井　そのときは、「死にたい」とか言っていませんか。

本間社長守護霊　あ？　いや、死んでんじゃないの？

酒井　いや、「私を殺してください」とか、「死にたい」とか、そういうことは？

本間社長守護霊　ああ、言うんじゃないの？

酒井　言うでしょう？

本間社長守護霊　うん。

酒井　なるほど。「こんなところにいるぐらいだったら、死にたい」と。

本間社長守護霊　ああ、そう、そう、そう、そう。

酒井　言っているでしょう？

本間社長守護霊　うん。

「ボスが業界を去れば、俺《おれ》の時代が来る」

本間社長守護霊　それが最近……。不思議なのは、熱い湯のなかに落としてやってもさ、なんかまた戻《もど》ってくるんだよね。何これ？　一回、死……。さすがに、油がグツグツしてっていうか、二百度ぐらいだろう？　そこに落としても死な……。「いったん消えるけど、また」って、どういうことだ？　それ、よう分からんけど。

酒井　あなたが、そこでいちばん偉いんですか。

本間社長守護霊　いや、いちばん偉い人はまだいるけど……。とにかく俺《おれ》は、フロアっていうか、そのなかで、まあ、視界に見える範囲《はんい》ではいちばん偉い。

竹内　視界に見える範囲の人は、何人ぐらいいるんですか。

本間社長守護霊　いや、部下は二、三十人いるね。

酒井　ボスは、どういうところで、何をしているんですか。

本間社長守護霊　ボスは、落ちてくる数が少なかったら、怒《おこ》る。ちょっと、ときどき言ってくるのと、あとは、責め方が何か優《やさ》しく……、まあ、言わないけど（苦笑）、上から見て、ちょっと優しかったら、「何してんだあ！」って、ときどき言われるぐらいだな。

酒井　優しくしてはいけないんですね。

本間社長守護霊　優しくなんかしてどうすんだよ。人は、叩いて、脅《おど》して、仕事させるんだろ？

里村　では、あなたも上の人から管理されているわけですね。

本間社長守護霊　いや、管理はしてねえよ。ほとんど私に任せられてるよ。

酒井　要するに、上の人に怒られるんですね。

上の人は、どういう人ですか。

本間社長守護霊　知らん。ときどきしか……。いや、姿が見えんから。声は入ってくる。

酒井　顔は見えない？　声は？

本間社長守護霊　いかつい、ドスのきいたような声で言ってくるよ。

酒井　名前は分かりませんか。

本間社長守護霊　分からん。

里村　ただ、最近、わりと仲が悪いんじゃないですか。

本間社長守護霊　何が？

里村　上の人と仲が悪いんじゃないでしょうか。あるいは、反乱を起こそうと思っているとか。

本間社長守護霊　反乱？

里村　引っ繰《く》り返そうと思っているんじゃないですか。

本間社長守護霊　俺が？

里村　はい。

本間社長守護霊　いや、俺はね、今、あれなのよ。ちょうど脂《あぶら》の乗り切ってる年齢なのよ。

里村　ほう。

本間社長守護霊　ね？　まあ、私のボスキャラ的な人はな、もう七十代だな。

里村　ああ、まあ、そうですね。

本間社長守護霊　だからな、もうあと何年かで「この世を去る」から、「業界を去る」っていうことになってるわけだ。

酒井　なるほど。

本間社長守護霊　な？　そしたらさ、「誰の時代が来るか」っていうたら、「俺の時代が来る」んだよ。

酒井　では、その次は、あなたがもっとたくさんの血の池を管理できるわけですね。

本間社長守護霊　だから、トータルの、業界のトップだな。

里村　「業界のドン」を狙《ねら》っているわけですね。

本間社長守護霊　うん、そう、そう！　ドンっていうかさあ、業界の取りまとめ的な、名誉会長的な、そういう椅子《いす》が待っとるわけだ、順調に行けば。

酒井　では、隣《となり》の血の池とかは、どういう人が管理しているのですか。今、隣の血の池には、あなたのライバルのような人がいるわけですか。それは見えませんか。

本間社長守護霊　いや、まあ、そっちはそっちで、役割分担でやるんだよ。そっちも怒られて……、ちょっと、両方見てるんだよ。
だから、そっちの血の……。血じゃねえや、ワインのいい香りの部屋のところは、おそらく、そいつがいるんだよ。
「逃《に》げようとするやつは叩《たた》き落として出られないようにする」
里村　「役割分担」というのは、どういうことなんですか。
本間社長守護霊　いや、だから、そっち系を上手に出ないようにするのと、こっちは叩《たた》いて怒る側と、ちょっと違うんだよ。
里村　ああ、折檻《せっかん》する担当と……。
本間社長守護霊　そうそう。折檻っていうか、叱《しか》りつけるんだな。

大川隆法　池から出てくる人を、鉄棒でバーンッと叩いて、もう一回落とすんですよ。

本間社長守護霊　そうだ。

酒井　それが仕事ですか。

本間社長守護霊　ああ、さすが総裁、そのとおりです。ほんと、そういう感じで叩き落とすと。また戻ると。だから、出れないんだって（笑）。

酒井　出られない？

本間社長守護霊　出れない（笑）。（左手をグルグル回しながら）「グル、グル、グール」だよ。

大川隆法　地獄ですね。

酒井　そうすると、レプロからは逃《に》げられないシステムになっているのですか。

本間社長守護霊　いや、だから、何回も言うけど、この業界からは出られないんだって。完全に〝お払《はら》い箱〟っていうかさ、どこからも声がかからなくなって、コストだけがかかるんだったら、やっと出れるけど。

# 7 「法治《ほうち》国家」の外にある闇《やみ》社会を暴《あば》く

## 「芸能界のルール」からは逃《に》げられない

里村　そう、まさに、富美加《ふみか》さんが、それをそのまま言っていましたよ。「この業界のルール、掟《おきて》から、逃《に》げられない」と。

本間社長守護霊　そうなんだよ。

里村　「逃げられないんだ」という絶望を味わうんだそうです。

本間社長守護霊　当たり前だよ。それを承知《しょうち》で入ってきてるんだ。

里村　そうすると、どうなるかというと、もう、表面上では、「はい、分かりました」

というようにやるしかなくなるんですよね。

本間社長守護霊　おお、そうそうそう。

里村　これは〝恐《おそ》ろしいシステム〟ですよ。

酒井　これは、ものすごい「マインドコントロール」じゃないですか。まさに、洗脳システム。

本間社長守護霊　何、何が「マインドコントロール」だ。現に、そういう世界があるんだからさ。

酒井　洗脳のシステムですよね？

本間社長守護霊　いや、「洗脳はおたくでしょ」っていうのは、報道してるでしょ。

酒井 「売れたい」とか、「アイドルになりたい」とかいう気持ちを使って、洗脳していくわけでしょう?

本間社長守護霊 そうそうそうそうそう。そう。いや、本人が「そうしたい」って言うからさ、夢を叶《かな》えてやってんだよ。

酒井 いや、ですが、逃げられないんですから。あなたは逃がさないんでしょう?

本間社長守護霊 そら、そうさ。元を取らなきゃいけないもん、こっちは。

酒井 それで、逃げようとしたら、〝棍棒《こんぼう》〟でぶっ叩《たた》くのでしょう?

本間社長守護霊 そうだよ、逃げようとしたやつは。まあ、だいたい、脅《おど》したら言うことをきくからな。

酒井　ああ……。

本間社長守護霊　まあ、よっぽどのときは、ちょっと、別部隊があるから、そいつらが、傷害にならない程度のをやってるよ、ときどき。

## 所属タレントは「脅《おど》し」で言うことをきかせる

里村　その「別部隊」というのは、どんな部隊なんですか。

本間社長守護霊　何が?

酒井　実力行使でしょう?

本間社長守護霊　いやあ、ウチのタレントを見てみなよ、ちょっとは体育会系もおるだろうが。

里村　ええ。いますね。

本間社長守護霊　〝そっち系〟がいるんだよ。

酒井　なるほど。

本間社長守護霊　兄貴《あにき》も強《つ》えーし。まあ、そっちがいるんだよ。

大川隆法　あなたの事務所に行くと、黒いスーツを着た男が出てきて脅《おど》されると聞いているのですけれども。

本間社長守護霊　総裁、それはちょっと誤解で、まあ、ホストかな。かっこいい男でしょう。

里村　いやいや、「かっこいい」ではありませんよ。
では、そうすると、反社会的集団とかとも、けっこうつながりがあるんですね。

本間社長守護霊　いや、それは、おたくさんだろう。

里村　いやいや、「そういう部隊がいる」とおっしゃっていました。

本間社長守護霊　何が反社会的？

里村　闇《やみ》社会の人たちとのつながりもあるわけですね。

本間社長守護霊　ないよ、そんなもの。

里村　いや、でも、「別部隊」と言ったじゃないですか。

本間社長守護霊　何が。いやいや、だから、別に、犯罪を犯《おか》さずに、ちょっといかつい人を出して、「社長の言うことをきかんといかんぞ！」みたいな、まあ、こういうレベルだ。

里村　おお。今まで、そうやって、所属のタレントさんたちを脅してきたわけですよね。

本間社長守護霊　まあ、本人ないし親ね。

里村　ですから、あなたのところのタレントさんは、「いや、うちの事務所は……」というように、事務所を持ち上げるようなことしか言えないわけですね。

本間社長守護霊　何が。いや、ほんとに思ったから、そう出るんじゃないの。

里村　いや、そのようになっているんです。これは〝恐ろしいシステム〟ですよ。

本間社長守護霊　いや、だってさあ、俺《おれ》、別のマネージャーにちゃんと指示したけど、菊地亜美《きくちあみ》なんかさあ、全然違《ちが》うこと言ってただろう？　あの子は分かっとるよ。使えるやつだなあ。

里村　いや、そうして今、彼女は叩かれて、ものすごく〝炎上《えんじょう》〟していますよ。「何なんだ、この女は」と。

本間社長守護霊　ええ？　何が。

里村　別に、彼女を悪く言うつもりはありませんけれども、「このタイミングで事務所を持ち上げるか」「いやらしい女だ」というような声が、ものすごく上がっているじゃないですか。

本間社長守護霊　あの子は、業界のことをよう分かっとるんだ。あと、大人なんだよ、富美加と違って。おまえらに洗脳されてないから。

今、本間社長守護霊には清水富美加《しみずふみか》の姿が見えなくなっている

酒井　ちょっと待ってください。では、今、富美加《ふみか》さんは、その血の池の地獄《じごく》から出ようとしているわけですよね？

本間社長守護霊　いや、「落ちてはない」と思うけど……。

酒井　いやいや、あなたが出さないようにしているエリアのなかに、少し前までいたわけですよね。

本間社長守護霊　そうそうそう。「いなくなった」んだよ。

酒井・里村　「いなくなった」？

本間社長守護霊　ああ。それも、ちょうど、ちょっと前。

酒井　ちょっと前？

本間社長守護霊　おたくらに拉致《らち》されたと思って、それもあって俺は慌《あわ》ててんだよ。

酒井　いや、あなたが拉致していたところから……。

本間社長守護霊　拉致はしてない。

酒井　いや、それは拉致ですよ。要するに、拉致から脱出《だっしゅつ》したということですか。

本間社長守護霊　いや、いなくなったんで、「捜索願《そうさくねがい》」を出したいなと。

酒井　そう言っているわけですね。

本間社長守護霊　そう。だから、今ね、ちょっと、母親にアプローチをかけようかなと思ってるんだよ。親父《おやじ》は話になんねえからさ。

竹内　今、彼女の居所《いどころ》を探そうとしているんですか。

本間社長守護霊　当たり前だよ。いないもん、だって。分からん。

大川隆法　それは、組の者がやって来るのですか。

本間社長守護霊　うーん、何人か手下を使って探してるんだけど、見つからない。

酒井　拉致するわけですね。

本間社長守護霊　いや、見えないんだよ。なんか知らんけど、どこに行っちゃったのかなあ。

酒井　見えないんですか。それが、「サンガ（僧団《そうだん》）の力」というものなんですよね。「出家《しゅっけ》の力」というものなんです。

本間社長守護霊　俺の目には見えてる。すべての落ちてるやつらは見えてるんだ、俺は。

酒井　では、最近……。

本間社長守護霊　あっ、そう、俺はね、〝千眼《せんがん》〟なんだよ。〝千《せん》の眼《め》〟を持っていて、見えるんだよ。

大川隆法　よくおっしゃる（笑）。

本間社長守護霊　だけど、今いる、眼からは、なんか消えたんだよ、一カ月前に。突《とつ》然《ぜん》。

酒井　消えたのですね。なるほど。

本間社長守護霊　そしたらさあ、住んでるところからもいなくなったんだよ。それが、ほぼ同時だったかな……。不思議なんだよ。

里村　あなたの〝盗撮《とうさつ》能力〟でも見えなくなったわけですか。

本間社長守護霊　そう、おかしいなあ……。

事務所は「法治《ほうち》国家の外側」に存在している?

酒井　要するに、あなたのエリアにいたとき、富美加さんは、あなたの指示・命令をかなり受け入れたわけですね。

本間社長守護霊　当たり前だよ。

酒井　洗脳したわけでしょう。

本間社長守護霊　いや、おたくでしょう、それは。

酒井　いやいやいやいやいや。

本間社長守護霊　業務命令はしてるよ。

酒井　例えば、映画に、人を食べる役で出たときも、本人は、本当に「嫌《いや》だ」と言っているのに、だんだん神経が麻痺《まひ》してきて……。

本間社長守護霊　まあ、そういうものだよ。だんだん慣れてくるんだよ。

酒井　あなたは、麻痺させる力を持っているんですね。

本間社長守護霊　だんだん慣れてくるんだって、そんな嫌な仕事でも。

酒井　それが、最近、効《き》かなくなったわけですね。

本間社長守護霊　そうなんだよ。

竹内　清水《しみず》さん本人も、血を見るといったことが本当にすごく嫌《きら》いで、そういった映画を無理やり観《み》ていたら、感覚が麻痺してきて、よく分からない精神状態のまま演技に入っていっているんですよ。

本間社長守護霊　いや、そういう意味では、俺がこの仕事をやって、もう、二十年、三十年近いんだけど、ほんっとに、急にいなくなったのは初めてなんだよな。能年《のうねん》は、まだ、姿が半分見えてるんだけど。

里村　ああ。まだ半分見えているのですか。

本間社長守護霊　見えてるんだけど、なんか、影《かげ》が薄《うす》くなって、いるのかいないのかぐらいで。完全に見えなくなって、ちょっと慌《あわ》ててんのが、富美加な。まったく見えない。

里村　いや、これも恐ろしいことですよ。能年さんもそうですが、事務所のホームページには、「やめたい」「もうやめた」という人のことが、ずっと掲載《けいさい》され続けているんです。

本間社長守護霊　へえ。

里村　そうやって、本当に逃《のが》さないで、ずっとつかんでいるわけです。

大川隆法　「法治《ほうち》国家の外側」にあるわけですね。

本間社長守護霊　ホームページに書いてあるわけないだろ。嘘《うそ》つかんでくれ。

大川隆法　これは、もう、〝闇社会〟です。

酒井　あなたのところは、法が適用されていないですよね。

本間社長守護霊　だから、〝業界の統一ルール〟なんだって。で、これから、俺がそのトップになるんだから。もう、これは確定。

## 本間社長守護霊の世界の〝憲法〟は「稼《かせ》いだ者勝《もん》ち」なのか

酒井　では、あなたの世界の〝憲法〟はあるわけですか。

本間社長守護霊　あるよ。

酒井　それはどんなものですか。

本間社長守護霊　だから、稼《かせ》いだ者《もん》勝ち。

酒井　「稼いだ者勝ち」？

本間社長守護霊　「金の卵をいかに見つけるか」っていうのと、〝千里眼《せんりがん》〟が要《い》るわけだな。それと、「ちゃんと愛をもって育てる」と、こういうことだ。で、有名になったら、がっぽり稼ぐ。

酒井　なるほど。では、その間に、「別の仕事をしたい」とか、「私はやめたい」などと言ったら、どうなるんですか。

本間社長守護霊　何が？　そんなもん、ありえないでしょう。

酒井　金の卵はどうなるのですか。

本間社長守護霊　いや、それは叩くよ。

酒井　叩くんでしょう？

本間社長守護霊　うん。当たり前だ。

酒井　それがルール？

本間社長守護霊　だって、そんなもんさあ、ねえ？　飼い犬が……、一生懸命《いっしょうけんめい》に育ててもらった親に歯向かうようなもんでしょ？　道徳じゃ、そんなことはやっちゃいけないって、教えてるんじゃないの？

酒井　やってはいけない？

本間社長守護霊　うーん、そうだ。

酒井　マスコミ界でも、「残りの仕事をやるのがプロだろう」というようなことを言っている人もいるんですけれども……。

本間社長守護霊　おお！　おまえ、いいこと言うじゃないか！

酒井　私には、それが、「死んでもやるのがルールだろう」というようにしか聞こえないんですよ。

本間社長守護霊　「死んでもやれ」なんて、言ってないんじゃないの？

酒井・里村　いやいや。

本間社長守護霊　死んだらできないじゃん（笑）。

里村　「死ね」と言っているのと同じことですよ。

酒井　「死ぬまでやるのがプロだろう」と言っているようなものです。

本間社長守護霊　だから、さっきから言ってるけど、ちゃんと仕事をしてるときによ？　ちゃんと医者に行って、こっちの事務所に診断書《しんだんしょ》でも持ってきたのに、それを無視してやらせたっていう証拠《しょうこ》があるなら分かるけど、ないくせに言うな（笑）。おまえらのところに逃げ込《こ》んでから書類をつくったんだろうが。

里村　すごい過密《かみつ》スケジュールで、医者にも行けないようにしているのは、事務所、会社のほうですよ。

事実上、医者にも相談に行けないようなスケジュールの組み方になっているんです。

## 「サインしたら終わり」の〝奴隷契約《どれいけいやく》〟のような世界

酒井　ただ、マスコミも多少は良心が残っているようで、富美加さんが元気に振《ふ》る舞《ま》ってテレビに出ていたときのブログに載《の》っていた、「生きている気がしない」というような発言も載せて、比較《ひかく》したりしています。このあたりは良心があるんですよ。「役者だから元気そうに振る舞うけれども、実は、内面では病《や》んでいた」ということを言っているのです。

本間社長守護霊　まあ、それは、あれなんじゃないの？　働いてても、「ああ、このままでいいんかなあ」ぐらいは思うじゃない。そういう変わりたくないのと一緒《いっしょ》じゃないの？　それと同じじゃない。

酒井　いやいや、「死にたい」なんて連発しませんし、「生きていていいのか」などと思わないですから。

本間社長守護霊　いや、だから、口癖《くちぐせ》なんだって、「死にたい」は。「疲《つか》れた」ということが「死にたい」という意味なんだよ、この業界は。

酒井　いやいやいやいや。

本間社長守護霊　それが常識なんだよ。

里村　ですから、それも、今の日本社会であれば、もう、まったくの反常識、非常識ですよ。

本間社長守護霊　何言ってんだよ。

里村　それは、つまり、「地獄のルール」ということですね。

本間社長守護霊　何が。

里村　「地獄のルール」。

酒井　「地獄の掟《おきて》」ですよ。

本間社長守護霊　いやあ、〝勤勉さ〟なんだよ。

大川隆法　「奴隷契約《どれいけいやく》」のようなものなのではないですか。サインしたら、もう、それで終わり。

本間社長守護霊　そう、そう、そう、そう。

大川隆法　お金で売り飛ばされるので。

里村　それで、病気になった者は、船の上から〝捨てる〟わけですね。

本間社長守護霊　そう、そう、そう。まあ、そんな優《やさ》しい時分じゃないからなあ。アッハッハッハッハッハ（笑）。

里村　あなたは、そういう奴隷をたくさん載せた船に乗っていたんじゃないですか。

本間社長守護霊　ああ？

酒井　つまり、奴隷船ですね。

本間社長守護霊　いや、そんな、難民を救うような、そんな気ねえよ。全然、さらさらねえから。

里村　いや、難民ではなくて、あなたが連れ出しているのではないですか。

本間社長守護霊　ああ？　連れ出して？

里村　ええ。

本間社長守護霊　いやいや。「出たい」っちゅうからさあ、ちゃんと……。さっきも言ったように、落ちてくるんだよ、勝手に。落ちてくるっていうか、来るんだよ。

**過去世《かこぜ》で、荒《あら》くれ者を使って女に言うことをきかせ、儲《もう》けていた？**

酒井　落ちてくるというか、最近は、それを集めているわけですから。

本間社長守護霊　集めてるよ、いっぱい。

酒井　過去世《かこぜ》で、東北から若い女の子を連れてきたような、そういう仕事をしていた？

本間社長守護霊　ああ。そう、そう、そう、そう、そう、そう。だから、そうやって
さあ、田舎《いなか》から来る子に、「有名になりたいの？　きれいになりたいの？」って訊《き》くと、
「うん」って言うから、サインさせてるんだ。何が悪い。

酒井　それでお店に売って、（女の子が）「帰りたい」と言ったら許さないわけでしょう？「おまえ、何、帰ろうとしてるんだ」というように……。

本間社長守護霊　当たり前じゃないか。お金がかかってるんだから。稼いでから言えよ。

酒井　「借金のカタなんだ」というように。

里村　まさに身売りと同じです。「おまえは借金のカタで、借金はこれだけあるんだ。逃げられないんだ。働き続けなきゃいけないんだ」と。

「事務所がお金をかけたんだから」というのと同じ論理ではないですか。

酒井　要するに、「おまえを買うのにお金を使った」、「おまえは、その借金を持ってるんだ。それを返すまで働け」ということでしょう？

本間社長守護霊　そう、そう、そう、そう。

酒井　「給料がなくたって働け。おまえは借金を返さなくちゃいけないんだ」と、そういう論理でしょう？

本間社長守護霊　そうだよ。

だから、冒頭《ぼうとう》、総裁が言ってたように、京都の祇園《ぎおん》の屋形《やかた》と似てんだよ。あそこは合法的にやっとんだろ？　ウチらも、そういうことを合法的にやっとんだよ。

里村　いえ、そんなにきれいな世界ではないんですよ、そちらさんは。

本間社長守護霊　ああ？

里村　むしろ、「東北のほうから、いろいろと娘《むすめ》さんを買って、東京に来て売る」という仕事のほうが似ています。いや、それと同じです。

本間社長守護霊　何が同じなの？

酒井　いや、〝そっくり〟でしょう。それを、あなたはやっていたんでしょう？

本間社長守護霊　そういう仕事をやってた？

酒井　それで儲《もう》けて……。

本間社長守護霊　俺、今、プロダクションの社長をやって……。

酒井　いや、いや、いや。

里村　その前（過去世）の話です。

本間社長守護霊　「前」って、分からんよ。俺は、その、何と言うか、俺の……。

酒井　いやいや。あなたは、かなり霊的《れいてき》になってきていて、自覚が始まっているので、たぶん分かりますよ。

本間社長守護霊　何が？

酒井　そういう頃《ころ》のことが。

本間社長守護霊　とにかく、管理・監督《かんとく》役なんだわ。

里村　芸能界の仕事をする前に、（過去世で）何をやっていたんですか。

本間社長守護霊　まあ、若い女を使っての仕事だろうなあ。荒《あら》くれ者の男を使って、若い女に言うことをきかす。で、金を儲ける。まあ、そんな感じかな。

里村　ほお。それは、どういう場所で？

本間社長守護霊　どういう場所っちゅうか。客が来るわなあ、当然。女を買いに来たりすることもあるし。楽しみの、劇をちょっとやって喜ばして、まあ、宴会《えんかい》か？　そういうところに出したりとかいうのもあるわな。

大川隆法　吉原《よしわら》っぽいですね。

本間社長守護霊　夜の世界だからな。

酒井　吉原ですか。

本間社長守護霊　いや、吉原じゃないよ。今は、れっきとしたプロダクションの……。

酒井　違う、違う、違う、違う。その前の転生《てんしょう》です。

本間社長守護霊　ああ？　吉原っていうか、まあ、そんなの、日本中っていうか、世界中、どこでもあるでしょ？（笑）

酒井　いやいや。あるかどうかは別として、あなたは、そういう仕事にかかわったでしょう？

本間社長守護霊　いや、俺は直接、やってない。だから、逃げ出さないようにするのと……。

酒井　あなたは守護霊なんですから、昔の自分の仕事を覚えているでしょう？

本間社長守護霊　だから、そういう、何て言うか、人の「娯楽《ごらく》」だよね。やっぱり、働いてる人はさあ、ストレスも溜《た》まるじゃん。政治家だって、経営者だってさ。で、そういう人は、そういうところで、ちょっと遊びたいじゃん。

「仕事をし続けるか、死ぬか」しか選択肢《せんたくし》がなかった遊女《ゆうじょ》たち

酒井　それで、あなたは、どれくらいピンハネするんですか。

本間社長守護霊　今？

酒井　違う、違う。その頃です。

本間社長守護霊　その頃？　ほとんどですよ。そんなの、本人たちには出さないよ。

そらあ、花魁《おいらん》レベルになったらちょっと違うけど、それ以外は、もうほとんどこちら。だって、タダで飯《めし》を食わしてやってるから。

酒井　「食べられれば、いい」という感じですね？

本間社長守護霊　そう、そう、そう、そう。あと、きれいに化粧《けしょう》させてる。それにはお金をかけるよ。一流品を出すから。

酒井　要するに、「おまえには、化粧をさせてやって、きれいにしているだろう？」ということを言うわけですね。

本間社長守護霊　そう、そう、そう。

里村　今、何気なく「花魁」という言葉が出たし、〝白塗《しろぬ》り〟の話が出たので、もう完全にその世界にいたわけですね？

本間社長守護霊　いや、だから、俺がやったんじゃなくて、管理・監督役……。

里村　いや、管理・監督していたんだから、いたんでしょう？　あなたは、そこにいて、管理・監督をやっていたわけですよね。そして、上前《うわまえ》をはねていた。

酒井　そういうところで、逃げようとした女性はいなかったですか。

本間社長守護霊　それはいた、必ず。

酒井　そういう人を、どうしたんですか。

本間社長守護霊　いや、当時は刀があるから、バッサリさ。

酒井　斬《き》ったんですか。

本間社長守護霊　ああ。

里村　当時は刀を使って……。

本間社長守護霊　いや、それでも罪にならないんだよ。なぜかっていうと、幕府っていっちゃ〝あれ〟だけど、侍《さむらい》のお偉《えら》いさんに抱《だ》かせたりしてるからさ。

酒井　斬られたくない人で、自殺していったりする人はいたんですか。

本間社長守護霊　自殺ねえ……。というか、まあ、病気だな。病気で死んじゃう。

酒井　病気とは、どういうことですか。栄養失調とかですか。

本間社長守護霊　いや、そっち系の病気だよ。病気で死んじゃうんだよ。「ああ、かわいそう」みたいな。

里村　具合が悪くても、医者にもかけずに。

本間社長守護霊　だって、使いものにならないやつを、医者に見せてどうすんだよ。伝染したら、どうすんだよ。

酒井　ああ。性病ですね。

本間社長守護霊　そう。

里村　つまり、「仕事をし続けるか、死ぬか」しかないわけですよね？

本間社長守護霊　ああ、そういうこと。最初から、そのつもりで入ってきてんだから、しょうがねえじゃん。親も、「口減《べ》らし」っちゅうの？

里村　現代とまったく同じですね。

# 8　芸能プロダクションはマスコミすら牛耳《ぎゅうじ》っている!?

## 「富美加《ふみか》には、（過去世《かこぜ》で）会ったことがないなあ」

酒井　その子たちは、「死にたい」とか、よく言っていなかったですか。

本間社長守護霊　まあ、俺《おれ》には言わねえよなあ。

酒井　ほかの人には言っていた？

本間社長守護霊　ああ？　知らないよ、そんなこと。

酒井　その頃《ころ》の子たちは、最近も、あなたの周《まわ》りにいるのではないですか。

本間社長守護霊　知らないけど……。

酒井　あなたの事務所にはいるでしょう。たまに見ないですか、その頃の……。

本間社長守護霊　まあ、金持ちの客に、俺を無視して金をもらった……。

酒井　その頃の女性たちはいないですか、一緒《いっしょ》に。

本間社長守護霊　今？

酒井　ええ。たまに顔を見ないですか。

本間社長守護霊　うん、まあ、何人か、昔から知ってる感じの子はいるなあ。

酒井　死んだような子とか、殺してしまった子とか、たまに見ないですか。

本間社長守護霊　そういう感じはする。
ただなあ、富美加《ふみか》には会ったことがないなあ。富美加には……。

酒井　ああ、その当時の話ですね。

本間社長守護霊　だから、富美加はグッドキャラクター賞●だったわけ。

里村　オーディションを受けたときですね。

本間社長守護霊　初めて会ったパターンで、ちょっと、びっくりして……。

酒井　まあ、繰《く》り返し、何回も、あなたのところに来る人もいるんですね。

本間社長守護霊　いや、だから、こっちが望んでるんでなくて、向こうが来んだから

●グッドキャラクター賞　新人モデルやタレントの発掘オーディションである「レプロガールズオーディション 2008」で与えられた賞の1つ。

さあ、しょうがねえじゃんか（笑）。

里村　でも、富美加さんは、そういうなかにはいなかったんですね？

酒井　初めて来た？

本間社長守護霊　いなかったなあ。

里村　今の事務所のタレントさんの扱《あつか》いにも濃淡《のうたん》があるのと同じように、当時も、そういうわけだったんですね。

「特に、これはいいな」と思う女性は、例えば、幕府の上の方につかせたりとか。

本間社長守護霊　そうだよ。あとは、儲《もう》けてる庄屋《しょうや》の親分とかなあ。

まあ、そういうのは、ランキングがあるんだよ、ランキングが。

## 〝奴隷契約《どれいけいやく》システム〟で、逃《に》げられないようになっている

本間社長守護霊　でも、富美加は、そういうのは絶対、それは〝あれ〟だなあ。何か知らないけど、やらせにくい雰囲気《ふんいき》はあったなあ。

だから、「東京喰種《トーキョーグール》」がギリギリぐらいで、「それ以上は、この子は、ちょっと違《ちが》うかな」という気はしたけど、まあ、「喰種」の続編が決まってるから、それで当分、食ってけるし。「大手のCMやってるから、まあ、いいかなあ」っていう感じ。

酒井　ああ。では、もうやめさせるつもりはないですよね。

本間社長守護霊　当たり前だよ（笑）。

酒井　「われわれは、良心的に、五月になったらやめさせる」というような言い方をしていますが……。

本間社長守護霊　知ってる？　（契約《けいやく》は）一年先まで更新《こうしん》できるようになってて、実は、それも自動更新で、ずっとなんだって。

酒井　それで、結局、やめられないんですよね。

本間社長守護霊　やめられないよ。

里村　完全に〝奴隷《どれい》契約のシステム〟なんですよ。本人が契約解除しても、自動的に事務所側が一年間、ないしは二年……。

酒井　オプションで勝手にできるんですよね？

本間社長守護霊　そう、そう、そう。そう、そう、そう、そう。

里村　勝手に延長できるんです。拘束《こうそく》できるんですよ。

本間社長守護霊　「いい仕組み」だろ?

里村　いや、現代に、こんなものがあるのかと……。

本間社長守護霊　ああ? だから、何度も言うけど、ウチだけじゃないっつうの、これ。業界の統一ルールなんだよ。

里村　それで、テレビに出てくる人たちはみんな、それを知っていて言っているんですよ、「五月で契約が終わるまで待てばよかったのに」と。

本間社長守護霊　おお、なるほど。

里村　ところが、そのあとも続くようになっているんです。

本間社長守護霊　そーう、そう。それは、俺からは言わないよ。ちょっと、今んところ、カット（削除《さくじょ》）ね。

里村　つまり、逃《に》げられないようになっているんですよ。

本間社長守護霊　まあ、そうなんだねえ。

里村　まさに、それは吉原《よしわら》を代表とする色街《いろまち》、ああいう世界と同じシステムですよ。

本間社長守護霊　ああ、そうなのお？　ふーん。

里村　そのなかで、あなたは、ずーっと生きてこられた。

本間社長守護霊　いや、ずーっとじゃねえよ。

里村　ほかにもやったんですか、いろいろ。

本間社長守護霊　そういう関係のところは、いろいろあるからなあ。

里村　そういう関係?

本間社長守護霊　いつの時代もあるじゃないか。平安時代から、もうずっとあるじゃないか。なあ? やっぱり、必ず、「色」のものと「お金」のところと「権力」のところは絡《から》んでくるんだよ。みんな一緒なんだって。分かる?

里村　それで、あなたは、男、あるいは女を使って、そういうものを望む人たちに与《あた》えて、上前《うわまえ》をはねるということを平安時代もやったし、江戸《えど》時代もやった?

本間社長守護霊　望まれてることをやってるだけだからさあ(笑)。

里村　うーん……。でも、その望まれていることの中身が、非道徳、反道徳的なことでも、全然、気にせずにやってきたわけですね？

本間社長守護霊　当たり前ですよ。

業界の常識として駄目《だめ》なのは「アヘン」と「宗教」

本間社長守護霊　この業界の常識をな、おまえに教えてやるよ。分かんねえよな、頭悪そうだから。

里村　ええ、教えてください。

本間社長守護霊　要はな、あれなんだよ。麻薬《まやく》な。「アヘンと宗教は駄目《だめ》」と。こう言ってるんだよ。

里村　あっ、「アヘンと宗教は駄目だ」と。

本間社長守護霊　そう、そう、そう、そう。

里村　なぜですか。

本間社長守護霊　薬は駄目よ、薬は。でも、俺が見るにはな、ASKA《アスカ》は力が強かったから、あれ、揉《も》み消し……。あれは、そうとうだぜ。

里村　あっ（苦笑）、ASKAはですね。いやいや……。

本間社長守護霊　あれはやってたのに……（注。守護霊の意見である）。あれは、みんななあ、俺たち業界人が「すっげえ」と思った。

里村　はあ。感心したわけですね？

本間社長守護霊　ご法度《はっと》したのに、「グレー」っていうか、「シロ」にしたでしょう? さすがだ。「あそこまで行かないといかん」って言って、俺は、もう副社長を蹴《け》ってるんだから。「あんなレベルで打ち倒《たお》せ」と。

里村　でも、副社長には難しいでしょうね、そうなるのは。

本間社長守護霊　あのレベルまで行ったらいいんだよ。

だから、そうね、さすがに、ヤク（麻薬）はやらかすとまずいから。そこと、宗教は……。まあ、石原《いしはら》さとみみたいな、「S学会を親がガンガンやってるけど、自分はそうじゃない的な、そのレベルで止《と》めとけよ」と、富美加には言ってるんだけど。

こんなかたちで、いきなりカミングアウトされるとは思わなかったよ。

「ニーズがあるから、仕事は続けられる」とうそぶく本間社長守護霊

里村　一つ言っておきますが、まだまだ、おたくのプロダクションには、当会の信者

さんはいらっしゃいますからね。

本間社長守護霊　えっ!?

里村　まあ、それは誰《だれ》とは言いません。

本間社長守護霊　誰だ!?　ちょっと、今日、今から（調べに）行ってくる。

里村　いえ、いえ、いえ。言いませんけど。いや、うちの信者さんは、いろいろなところにたくさんいますよ。

本間社長守護霊　ええっ？　いねえよ（苦笑）。

里村　いますよ。

本間社長守護霊　（富美加は）ちゃんと、マネージャーに正直に話したからあれだけど、それは前から知ってたよ、「幸福の科学だ」って。

里村　だから、意外と、〝色街の掟《おきて》〟、〝地獄《じごく》の掟〟に、今、少しずつほころびが出てきています。

本間社長守護霊　何が？　全然、ほころび、出てきてねえよ（笑）。

里村　しかし、少なくとも、今回、「清水《しみず》富美加さん」という新しい実例が出てきました。

本間社長守護霊　何が実例だ。

里村　これに対して、もちろん、会社の不安もあるけど、地獄の掟・システムそのものが崩壊《ほうかい》することを恐《おそ》れているんですよ。

本間社長守護霊　何が？

里村　あなたが。

本間社長守護霊　（笑）崩壊しないって。おまえらがおとなしくしてりゃ。

里村　それで、おそらく、先ほど、「隣《となり》の部屋」というようにおっしゃっていた、ほかの「すり鉢《ばち》地獄」などの、いろいろな地獄の人たちから、「おい、しっかりしろ。おまえ、何やってるんだ」と言って、今、怒《おこ》られているんじゃないですか。

本間社長守護霊　いや、いや。それぞれ、分担が違うから。別に、俺は、この仕事に誇《ほこ》りを持ってるしさあ。これからもやり続けられるよ。

だって、人が困ってるっていうか、ニーズがあるんだからさ。権力を持ってる人が、「ちょっと、いい女、紹介《しょうかい》してくれ」とか。ね？　女は女で、「きれいになりたい」とか、「有名人と付き合いたい」とか。ね？　あるしさあ。

それで、何か悪いことをやったら、〝ナイナイパー〟してくれる人とも付き合いたいとね。まあ、人間だから、間違いを犯《おか》すこともあるじゃない。そのとき、なかったことにする人たちもいるわけだよ、世の中にはな。

だから、世の中は、やっぱり「権力」なんだよ。それと、「カネ」と「女」。これなんだよ。


「事務所の問題」を棚上《たなあ》げし、今回の件を「宗教」のせいにする

本間社長守護霊　それで、やっちゃいけないのは、やっぱり、「ヤク」と「宗教」なんだよ。宗教の色が付いたら、まったく、スポンサーが……。さっき言った大手の企《き》業《ぎょう》が離《はな》れていくから困るんだ。俺らの最終目標は、大手企業のＣＭのところなんだ。だけど、宗教色が出たら、絶対に使わないから。
だから、おまえたちねえ、「（富美加を）広告塔《とう》に使おう」と思ってるらしいけどさ、無理だよ。無理、無理。

里村　思っていません。

本間社長守護霊　無理、無理。

里村　もともと思っていないことを言わないでくださいよ。

本間社長守護霊　もう宗教色が付いた瞬間《しゅんかん》にアウト。

里村　いいですか。今、昔の話も聞いていたんですけれども、そうすると、やはり、大企業のＣＭを所属のタレントさんがどんどんもらうことを、いちばん望んでいるわけですね？

本間社長守護霊　おう。それは、この業界の常識だから。

里村　ところが、「能年《のうねん》さんの事例」、あるいは「今回の事例」で、レプロさんの評判は悪くなっていますね。

本間社長守護霊　なってねえよ。

里村　昨日《きのう》も今日も、芸能評論家の方が、「事務所の問題だ」と、はっきりと公言していらっしゃいましたよ。

本間社長守護霊　何言ってるんだ。

里村　明言していらっしゃいました。

本間社長守護霊　あのさあ、確か、富美加が取ってるＣＭの一個、あれ、花王《かおう》だろう？　花王みたいないい会社っていうかさ、化粧品《けしょうひん》とか、やってるじゃない？　ああいうところに採用されたっていうことは、もう、いよいよ、「こっから行くぞ」っていう感じじゃない。なのに、おまえらがさあ、邪魔《じゃま》しよったんだよね。次、資生堂《しせいどう》とかさ、そっち系も狙《ねら》っとったんだよ。下手《へた》したら、あんた、外のブランドもな。

里村　ただ、〝人肉《じんにく》を喰《く》うキャラクター〟を続けるような仕事の取り方をしていると、まさに色が付いて、それで、もう起用は遠のきますよ。

本間社長守護霊　ならないでしょう。宗教ほどじゃないでしょう。

里村　要するに、ものすごく仕事のやり方がデタラメなんですよ。

本間社長守護霊　それ、おたくでしょう（笑）。

里村　いや、下手です。タレントさんを育てる戦略がないですよ。

本間社長守護霊　いや、いや、言っとくけどさ、ウチのマネージャーは優秀《ゆうしゅう》よ。いやあ、とにかく、いろんな仕事をガンガン早めに取ってくるしさ。おたくらのマネージャーなんてさ、（竹内を指しながら）おまえか？　全然、仕事できねえじゃないかよ。マネージャー、ちゃんといるんだから、こっちは。

里村　いや、いや。私が察するに、ほかの事務所が断《ことわ》った仕事を拾ってきているんですよ。

本間社長守護霊　ああ、だろうねえ。しょうもない仕事ね。

里村　いや、そちらが。

本間社長守護霊　いや、おたくの芸能プロダクションもさあ、やっぱり、営業できないでしょ？　それも不満だったみたいよ。

里村　いや、いや、いや、いや。

本間社長守護霊　「何か仕事、あるんですかねえ」とか言ってたから。清水富美加《しみずふみか》さんの「ツイッター削除《さくじょ》」は副社長の指示だった？

竹内　ちょっと訊《き》きたいんですけれども、今、清水富美加《しみずふみか》さんがツイートしてますよね？　ツイッターで。

本間社長守護霊　ああ。

竹内　あれは、どう思います？

本間社長守護霊　あれ？　けしからんな。

竹内　そもそも、本人の持っていたツイッターに一言《ひとこと》書いたら、レプロのほうで、ものの十分で閉鎖《へいさ》しましたよね？

本間社長守護霊　あれは、副社長がやったんじゃないの?

竹内　ああ、副社長? あなたは、やっていないんですか。

本間社長守護霊　おう、そんな詳《くわ》しくないから、そっち系は。

竹内　ああ。では、副社長が指示してやったんですね?

## 「ツイッター」の影響力《えいきょうりょく》に驚《おどろ》きを示す本間社長守護霊

本間社長守護霊　じゃないの?

竹内　それで、今、新規のツイッターを立ち上げて、今、もうフォロワーの数がかなり行っていて、三十万を超《こ》えているんですけれども(収録時点)。

本間社長守護霊　ああ、「(富美加が)何か、そんなのつくった」って、一週間ぐらい前に聞いたわ。

竹内　このツイッターのコメントを、あなたは、今、どう感じていますか。

竹内　いや、今、もう「明らかに本人」ということで報道されていますよ。

本間社長守護霊　いや、そう細《こま》かくは見てないけど、本人かどうかが、まず分からないでしょう? だから、まあ、だいたい、偽者《にせもの》と思ってるんじゃないの?

本間社長守護霊　そう?

竹内　昨日（二〇一七年二月十三日）の深夜に、ツイッターに書かれたものが、もう今朝《けさ》、報道されています。

本間社長守護霊　いや、副社長の報告によると、それは、レプロエンタテインメントっていう会社のオフィシャル（サイト）の、あの子のところからつくってるやつがオフィシャル（のツイッター）よ。「それは閉《と》じた。だから大丈夫《だいじょうぶ》です」と聞いてるので。

そうじゃなくて、本人がやってるかどうかも分かんないまま、勝手にやったようなところに（フォロワーが）来てるの？　へええー、騙《だま》してるんじゃないの？

里村　マスコミも、世間《せけん》の人も、ちゃんと「本人」と認識していますよ、今。

本間社長守護霊　その証拠《しょうこ》もないのに？　へええ。今、そんな世界なの？

里村　ええ。

本間社長守護霊　簡単に信じちゃうんだ。

里村　それで、今日（二〇一七年二月十四日）のマスコミの報道のなかには、「なるほど。確かに、去年の十二月に出た本（『ふみかふみ』）にも、今から見ると少し変わってきている心のあり方が出ている」というような意見もありました。

本間社長守護霊　心の変わり方を……。そうなんだ。

## 「スポーツ紙へのリーク」も副社長によるものだった？

竹内　でも、正直に言うと、当初、ツイッターを見て、スポーツ紙に今回の情報をリーク（漏洩《ろうえい》）しませんでしたか？

本間社長守護霊　ツイッターを見て……。ああ、何か言っとったわ。「何か本人が発信してる。だから、早めに、こっちから動かないといけないんで、社長いいですか？」って。

それで、「ああ、いいよ。いいよ」って。何か知らんけど「いいよ」って言ったわけだ。

竹内　では、それは副社長が陣頭指揮《じんとうしき》を執《と》ったんですか？

本間社長守護霊　うん。だから、何度も言うけど、ＩＴ系、俺はあんまり詳しくねえんだよ。何か、そういうの、最近、若い子がやっとるらしいから……。まあ、俺は、やっぱり、テレビとか雑誌とか新聞とか、そっち系なんで。

あー、そんなにあれなの？　それ、見てるの？

〝人を逃《に》がさない〟監督《かんとく》役としての経営能力を誇《ほこ》る本間社長守護霊

里村　つまり、あなたの仕事は、おそらく、人を逃《に》がさないための監督《かんとく》役であって……。

本間社長守護霊　そう、そう、そう。

里村　実際に、逃がさないようにやっているのは下っ端《したっぱ》というか、「小鬼《こおに》」がやっているわけですね。

本間社長守護霊　そう、そう、そう、そう。

里村　そして、「大鬼《おおおに》」が、その上にでんと座《すわ》っている、と。

本間社長守護霊　「大鬼」って、失礼なこと言うな！　おまえ。

里村　ええっ？　鬼ではない？　もっと違う存在ですか？

本間社長守護霊　いや、俺、けっこうイケメンだろ？

里村　うーん、まあ、あのー……。

本間社長守護霊　俺も、ちょっと、「俳優やろうかな」と思ったことがあったんだよ、昔。

里村　その目が、ちょっと問題だとは思うんですよ。

本間社長守護霊　うーん？

里村　まあ、それはともかく、過去世《かこぜ》では、ずっとそういう立場でいらっしゃった？

本間社長守護霊　何が？　だって、もうだいたい、俺、自分がやりたいというか、なぜか、そんな仕事になっちゃうんだよ。何か、やっぱり、よっぽど仕事能力があるっていうことなんじゃないの？

里村　いや、なぜ、そうなってしまうんですか？

本間社長守護霊　知らんよ。何か、いつも、そんな感じのことをやってるような気はするなあ。

ただ、経営能力は高いんでなあ。いや、だから、人が増えるんだよ。おまえのところの信者は増えないらしいけど。俺が管理すると、なぜか、いっぱい集まってきて増えてくるから。だから、何か、ほめられるから、「じゃあ、もっと大きい仕事、もっと大きい仕事」みたいな、こんな感じよ。

## タレントを奴隷《どれい》にし、身売り同然に扱《あつか》う「プロダクション」の闇《やみ》

本間社長守護霊　今、もう、芸能界を仕切ってるのは、はっきり言って、「プロダクション」だからね。知ってる？

里村　そうなんですよ。

本間社長守護霊　うーん。分かってるじゃないかあ。

里村　だから、これは大変な問題なんですよ。

本間社長守護霊　そう、そう。

里村　つまり、ある意味で、別種の〝黙殺権《もくさつ》〟というものを、芸能プロダクションが持っているんですよ。

本間社長守護霊　そうだよ。

里村　「芸能プロダクションに異を唱える人の存在を消してしまう。声を消してしまう。本人が声を出したくても出せないようにする」という。

本間社長守護霊　そう、そう、そう。

里村　とんでもない「黙殺権」、黙《だま》らせる力を持っているんですよ。

本間社長守護霊　だから、本当は、新聞社とかテレビ局に力があるようだけど、そうは言ってもね、「そこにどういうキャラを出すか」っていうプロダクションと、彼らの収入源である広告代理店、まあ、この二つが牛耳《ぎゅうじ》っとるんだ。知ってた？

里村　CMと関係のないNHKでも、「紅白歌合戦」があるがゆえに、そういうところに対して、ものすごい配慮《はいりょ》を……。やはり、プロダクションの力が働くんですよね。

本間社長守護霊　当たりめぇだよ。誰を出すかで、視聴率《しちょうりつ》がすぐ変わるんだから。

里村　うーん。すごいシステムをつくってきたなと思って……。

本間社長守護霊　だから、あいつらは、もう〝視聴率信仰《しんこう》〟が立っとるからな。

里村　いいですか。そういうシステムのなかで……。いや、どこが仕切ろうが、いいんですよ。ただ、そのなかで、喜びや幸せがあれば、われわれは文句《もんく》は言わないんですよ。

本間社長守護霊　ああ、幸せあるじゃん。

里村　いや、そこにあるのは「不幸」です。あるいは「隷従《れいじゅう》」、あるいは「奴隷《どれい》状態」、「身売り同然」。こういう「闇《やみ》」を、われわれは黙って見過ごすことができないんです。

本間社長守護霊　何言ってるんだ。まあ、ちょっと、あんたら、おっさんだから分からないけどさ、女性のみなさん、聞いてくださいよ。

とにかく、今まで普通《ふつう》の女の子がね、テレビスタジオに入って、すごいフラッシュを浴びて、そして、自分ではちょっと買えないような宝石をつけたり、ブランドを着《き》飾《かざ》ったりして、写真を撮《と》ってもらって雑誌に載《の》る。もう、これは本当に幸福なのよ。分からんだろうなあ、おまえらには。

里村　一瞬、そういう〝幸福のようなもの〟を本人が味わうことはあるかもしれないけれども……。

本間社長守護霊　ああ！　それが望み。

里村　続けていると、必ず、「自分がしたい表現ができない」とか、みんな悩《なや》みを持つようになっているんですよ。

本間社長守護霊　そんなことないよ。メイクなんかさ、自分でしなくていいんだぜ、座っただけで全部やってくれんだから。

里村　いや、そして、さらに、不信とか、そういうものを持たないように、事務所が仕向けていくんですよ。

本間社長守護霊　事務所が仕向ける？

里村　それを、あなたたちがやっているんでしょう？　つまり、「これが君たちにとっての幸せだ。こんな煌《きら》びやかなのは素晴《すば》らしいだろう」と。

本間社長守護霊　そう、そう、そう、そう。

里村　そして、この世界から抜《ぬ》けようと思ったら、「いいか、怖《こわ》いぞ」と、やっているわけです。

本間社長守護霊　だから、ほめてるんだよ。「ああ、きれいだ。富美加ちゃん、きれいだ。よくきれいになった」って。

日本の芸能界では、有名にならなければ「人権」はない!?

酒井　結局、「言論の自由」がないですよね？

本間社長守護霊　いや、そんなの、彼女たちは求めてないんだから。きれいになればいいし、有名になればいいんだから。

酒井　「テレビのなかで発言する」とか、そういう自由がないですよね？

本間社長守護霊　何が？

酒井　「自分の意思を発言する自由」がないですよね？

本間社長守護霊　だからさあ、さっき言ったように、〝言っちゃいけないキーワード〟を教え込《こ》んであるの、小さいときから。

酒井　それは、ほかのコメンテーターも、何か同じようなことを……。

本間社長守護霊　そう、そう、そう、そう。

酒井　「それは、もう当たり前だろう」みたいなことをよく言うんです。

大川隆法　古いんですね。今、アメリカなどでは、芸能人でも、けっこう個人で、「政治的意見」とか、「宗教的信条」とか、言っていますよ。

里村　これについてはアメリカがそうで、一九三〇年代だったか、映画会社が役者さんたちをものすごく縛《しば》りつけて、ほかの会社に出られないようにしていました。しかし、徐々《じょじょ》に徐々に役者さんたちの意識が変わってきて、労働組合ができて、そして変わってきたんですよ。

本間社長守護霊　へーっ。「組合」って、おたくら反対してるんじゃないの？（笑）組合はありえないでしょ。

里村　いやいや、違うんです。いいですか。団結《だんけつ》せざるをえないわけです。そうやって、自分たちの権利を守るようになったんです。これを、私たちは否定しませんよ。ところが、日本ではいまだに違います。ある有名な、今もすごく活躍《かつやく》している若手

●労働組合　アメリカ合衆国の「映画俳優組合（ＳＡＧ）」のこと。1933年、ハリウッド俳優の労働環境や適正な報酬を守るために設立。2012年に米国テレビ・ラジオ芸能人組合と合併しＳＡＧ-ＡＦＴＲＡとなった。

の役者さんの話ですが、彼が、「やっぱり日本も、役者さんの組合的なもので団結しないと駄目だ」って言った瞬間に、彼の事務所が、彼のスキャンダルをどんどん流しました。

本間社長守護霊　それはそうでしょう。これがルールだもん。

里村　私はねえ、こんな世界、腐《くさ》ってると思います。

本間社長守護霊　いやいやいや、そうじゃなくてさあ。やっぱり、ちゃんと有名になった人間には、人権があるんだって。

里村　ええ？　有名になったら人権……？（笑）

本間社長守護霊　そうそう。もうプロダクションから仕事をもらわなくても、直接来るレベルな？　嵐《あらし》とかSMAP《スマップ》レベルは、まあ、別よ。そのレベルになったら、それは人権はあるんじゃないの。だから、そこまで頑張《がんば》りゃいいじゃん、そんなに人権が欲《ほ》しけりゃ。

里村　ただ、そういう人が独立しても、もといた事務所の系列で、いわゆる上納金《じょうのうきん》的なシステムというのもまた存在してますわ。

本間社長守護霊　まあ、多少はね。

里村　これは、みかじめ料ですよ、ヤクザの。

本間社長守護霊　いやあ、それはでも割合は違うでしょ。

里村　だから、こんな世界が、今も現代の日本にあるっていうことが……。

酒井　それも、公共の電波、テレビ局を使って、裏であなたみたいな人が牛耳《ぎゅうじ》ってるっていうのは問題ですよ。

本間社長守護霊　牛耳ってる、っていうかさあ（笑）。

酒井　あなた言ったじゃないですか、自分で牛耳ってるって。

本間社長守護霊　そういうルールなんだから、しょうがないじゃん。

## 本間社長守護霊が語る「仕事の目的」

里村　私は、今、収録しているこの映像（本書のもとになった公開収録）を観《み》ている方たちに、ほんとに言いたいんです。

本間社長守護霊　何を言いたいの。

里村　みなさんが煌《きら》びやかに見えている世界っていうのは、とんでもない人間の「どす黒い欲望」と「闇」に包まれた世界です。

本間社長守護霊　いや、さっきから、あんた、「人権、人権」って言うけど。女の子たちが、普通の子と違ってね、それだけのブランドで固めて、一流のメイクアップアーティストにメイクしてもらって、ヘアもキチッと整えて、それでフラッシュライトを浴びる、と。もう、これが幸福なんだって。それでもう「人権」はさあ、十分感じてるよ。

酒井　だけど、あなたにとっては、金づるでしょ？　お金でしょ？　要するに。

本間社長守護霊　だから、俺にとってもプラス、クライアントにとっても視聴率が高いからプラス、本人も喜んでる。もう、全部喜んでるじゃん。

酒井　いや、彼女たちの自由は、あなたのお金の儲かる範囲《はんい》での自由でしょ？

本間社長守護霊　だからさあ、「お金を儲けないと次の子を育てられないじゃん」っつってんだよ。分かんないな、経営が。

## 9 芸能界の「闇《やみ》」に光を当てる

### 最終目的として「業界トップ」を狙《ねら》う本間社長守護霊

酒井　では、何のために、あなたは仕事をしているんですか。あなたの仕事は何のためにあるの？

本間社長守護霊　いや、だからさあ、この仕事を継続《けいぞく》させるためにお金を稼《かせ》ぐためじゃん。

酒井　継続のための仕事？

本間社長守護霊　お金を稼がなきゃいけないじゃん。

酒井　お金でしょ。それ以外ない？

本間社長守護霊　あの、経営してて、「お金」以外の目的って何かあるの？（笑）

里村　もちろん、それは否定しませんよ。ただ、目的と手段の正当性は問われるんですよ。

本間社長守護霊　でも、手段は別に悪くないじゃん。本人が「やりたい」って言ってるんだから。

酒井　いや、お金っていうのは手段であって、いったい、それであなたは何をしたいんですか。目的として、会社の経営として。

本間社長守護霊　だから、さっきから言ってんじゃん。俺《おれ》の最終目的は、この業界のトップになることだよ。

酒井　あなたがドンになるためにやってるのね?

本間社長守護霊　そう、そう、そう。

酒井　では、働いているタレントたちはどうなっているんですか。

本間社長守護霊　だから、ちゃんと私の言ったとおり働きゃいいんだよ。そしたら、いつまでたっても上手に仕事を与《あた》えてやるから。

酒井　それで釣《つ》ってるんでしょう?　「スターになれるぞ」、「有名になれるぞ」と言って。

本間社長守護霊　そう、そう。実際、なってるし。

里村　本人の自由も幸せも何も関係ない、と。

本間社長守護霊　そう、そう、そう。

酒井　それで、逃《に》げようとしたら、「スターになれたのは誰《だれ》のおかげだと思ってるんだ」と言ってね。

本間社長守護霊　「誰のおかげ」っていうか、向こうがそう思うわな。「ああ、申し訳ないです」っつって。

酒井　いや、あなたたちが言ってるわけですよ。

## 所属タレントは「消耗品《しょうもうひん》」なのか

里村　そして、そういう業界の歪《ひず》みで苦しんで、病気になる子がいても、その病気を疑い、「死ぬまで働け」と言うわけですね。

本間社長守護霊　それは、まあ、ガンとか、重篤《じゅうとく》な病気になったらさあ、しょうがないんじゃないの？（笑）

里村　重篤ですよ。十分、重篤ですよ。

酒井　要するに、それは、さっきの、女郎屋《じょろうや》か何かをやってたときの話ですよね。「使いものにならなくなったら捨てる」っていう。

本間社長守護霊　だって、それはみんなしょうがないと思ってるよ。

里村　業界の人は、みんな、「しょうがない」と？

本間社長守護霊　しょうがないな、と。

大川隆法　要するに、〝消耗品《しょうもうひん》〟ということですよね、あなたがたの考えはね。

本間社長守護霊　人間はいずれ死ぬんじゃないですか。だからね、しょうがないよ。

里村　何か、聞いていて、「人間牧場《ぼくじょう》」みたいですよね。まあ、「奴隷《どれい》牧場」でもありますけど。何か、そんな感じがしてきますね、話を聞いていると。

大川隆法　「競争が激しい世界だから、その競争の激しさに勝ち残る名誉《めいよ》で、そういう人権は制限されている」と、まあ、こういう考えだね。

本間社長守護霊　そう、そう。そのとおりです。

里村　それっていうのは、ほんとに人間の世界ですか。まあ、地獄《じごく》ではあるけど。

本間社長守護霊　人間だよ。きれいな女性だよ。

酒井　いや、これはメスを入れないと駄目《だめ》ですね。

本間社長守護霊　「きれいな女性」か「イケメン」しかいないんだからさ。もう、ほんとに素晴《すば》らしいわ。

〝目の上のたんこぶ〟がいなくなれば、本間社長が業界のトップ？

里村　こういう世界を、ずうっと存在させたい？

本間社長守護霊　させたいし、そこの〝最後の元締《もとじ》め〟って、いいじゃないか。

里村　元締め願望……。

本間社長守護霊　俺、何回もねえ、人間やってるけど、まあ、そんな……。ああ、そうか。そういうの、あるのか。うん？　うん？　何か、仕事……。うん？　何回かやってる気がするけど、この業界のトップになったこと、ないんだよ。

里村　ああ。今までね。

本間社長守護霊　だから、今回、ちょっと、なるつもりなんだ。あと五年か十年すれば、〝目の上のたんこぶ〟がいなくなるから、今、耐《た》えてるの。忍耐力《にんたいりょく》あるんだよ、俺、だから。

酒井　「次のトップになりたい」と？

本間社長守護霊　ああ。だいたい、それは、業界の……。

里村　実際、立候補しようとしたことがあったようです。しかし、「能年《のうねん》さんのケース」、あるいは「今回のケース」で、かなり傷ついているから、難しくなってきていますよねえ。業界のなかでも、「そういうところの社長がトップに立つと、業界全体が、そういう体質に見られる」という声も、少しずつ出てきていますものね。

〝田舎娘《いなかむすめ》〟が有名になれたのは養成所のおかげなのか

本間社長守護霊　能年なんか、ただの〝田舎娘《いなかむすめ》〟をさあ、あそこにまでさあ、したんだよ？　ＮＨＫのさあ……。

酒井　では、あなたが全部したんですね、要するに。

本間社長守護霊　ああ。こっちの養成所がしたんだよ。

酒井　そういう話はよく聞くけどね。要するに、「プロダクションのおかげで、つくっている」と？

本間社長守護霊　ああ。誰のおかげだと思ってるんだよ。

酒井　「つくっているのは自分たちだ」と？

本間社長守護霊　そう。そうそうそう。

酒井　すべての努力は、あなたという……。

本間社長守護霊　まあ、素材を見つけるのもウチだし、それを教育してるのもウチだから、結局、ウチが、全部努力してんだよ。だから、当たり前だろう、金取って。何が悪いんだよ。

里村　全部、鎖《くさり》でつなげている感じですねえ。

本間社長守護霊　何度も言うけど、「向こうから来るんだ」っていうの。

里村　いやいや、「向こうから」って、それ、利用したんですよ。そういう意味では、「かどわかし」と言うほうが正しいですわ、「向こうから来た」というよりも。

本間社長守護霊　失礼な。「夢を叶《かな》えてあげてるんだ」っつうのよ。

富美加《ふみか》さんを、ほかの子とは違《ちが》う「謎《なぞ》の子」と感じた本間社長守護霊

酒井　だけどね、千眼美子《せんげんよしこ》（清水富美加《しみずふみか》の法名《ほうみょう》）さんのあの才能は、あなたが教育しようが何をしようが、関係ないんです。あの人が持っているんです、それだけのものをね。

本間社長守護霊　うん。確かに、「ほかの子とは違《ちが》う」っていうのは、入ってきたときから感じてはいたけど……。だから、ちょっと違うキャラクターだったんだ。

酒井　あなたの努力、投資なんて、ほとんど関係がないんですよ。

本間社長守護霊　あるよ。

大川隆法　「レアキャラ（稀《まれ》なキャラクター）」だからねえ。ハリウッドにも、あのタイプはいないから。

本間社長守護霊　頭の回転は確かに速い。「地頭《じあたま》がいい」っていうやつで、学校の教育とは違う種類の頭のよさなので……。「仕事ができる」的な……。いろんな思想、信条を、そんなに深く持ってるのか、この子が？　ウチの？

里村　はい。

本間社長守護霊　そんなとこまであるってのは、さっぱり分からんなあ。

里村　生まれたときからの信者でしたから。

酒井　だから、「レプロの投資は、いったい何なのか」というところですよ、彼女に対して。

本間社長守護霊　富美加に関しては、はっきり言って、半分以上、分からんとこが……。「謎《なぞ》の子であるなあ」とは思った。

大川隆法　「マルチタレント」ができているのは、レプロの力だけではなさそうですね。本人自身の勉強や経験が効《き》いているはずですからね。

本間社長守護霊　何とも言えない、人に受け入れられる、あのキャラクターは、何なのか。具体的な技術は教えられるんだけど、「どうしたら人の心を惹《ひ》きつけるか」っちゅうのは永遠のテーマだな。

だから、おまえんとこでは無理だから、（清水富美加を）返せ。早く返せよ。明日《あした》までに帰ってきたら、俺、マスコミを説得してやるから。損害賠償《ばいしょう》も（請求《せいきゅう》）しねえからさ。

里村　無理です。だって、あなたは理解できないんだから、彼女の存在を。無理です、あなたのほうに戻《もど》すのは。

本間社長守護霊　「理解」って……。

里村　あなただって、もう無理ですよ、こういうシステムを続けることは。

## 富美加《ふみか》さんの「出家《しゅっけ》」は芸能界からの「引退」ではない

本間社長守護霊　おまえら、最初、嘘《うそ》言ってさあ……。「引退」って言っといてさあ、あとから、「芸能界に出ます」とかって、嘘つきじゃないか、おまえらは。

里村　違いますよ。「引退」とマスコミに言ったのは、そちらさんです。事務所でしょう。

われわれの側からは、「引退」とは一言《ひとこと》も言ったことはありません。私は、「引退ではありません。出家《しゅっけ》です」と言っていた。「引退」という言葉を一生懸命《いっしょうけんめい》使って、（彼女を）業界から〝消そう〟としたのは、事務所のほうでしょう。

本間社長守護霊　じゃあ、病気じゃないのに出家したの？　え？　病気じゃないのに出家したの？

酒井　病気は、もうすでに（レプロの仕事を始めた）七年ぐらい前から始まっているんですよ。

竹内　あなたがたが認識していなかっただけで、ずっとだったんですよ。

里村　ずっとなんですよ。

竹内　「死にたい」なんて毎週言っている人が正常なわけはないじゃないですか。

本間社長守護霊　いや、だって、診断書《しんだんしょ》ないじゃん、ウチで働いてるときにさあ。

酒井　いや、本人だって、それを「病気だ」と、なかなか分からないでしょう。

大川隆法　（彼女は）「業界のなかでは本当のことは何にも言えない。誰にも言えない」と言っていましたよ。

本間社長守護霊　それは言えないでしょうね。だって、弱音を吐《は》いてる子は使えないからねえ、そうは言ったって。スポンサーが嫌《いや》がるし。

里村　つまり、「安全を配慮《はいりょ》する」ということに、まったく思い至らなかったわけだ。

本間社長守護霊　安全を配慮したりなんかしねえけどねえ（笑）。

里村　過去世《かこぜ》の話でもそうでしたね。

幸福の科学は富美加《ふみか》さんを保護した〝駆《か》け込《こ》み寺〟

酒井　「法律的には、かなりの責任を、あなたは持っている」ということですよ。

本間社長守護霊　（責任は）ないですよ。だって、ウチの弁護士、「関係ない」って、「民法適用されない」って言ってるよ。

里村　平安時代や江戸《えど》時代には通じたそういうやり方は、今の日本では通じませんよ。いいですか、これから必ず入りますよ。

本間社長守護霊　何が？

里村　いろいろな役所が。これをやっていると。

本間社長守護霊　入んないよ（笑）。

里村　入りますよ、労働基準監督署《かんとくしょ》などが。

本間社長守護霊　いや、（そうなるのは）おたくじゃないの？

里村　いえいえ。

本間社長守護霊　勝手に人の身柄《みがら》を確保しちゃったりしてさあ。

里村　うちは宗教ですから。

本間社長守護霊　はあ？

里村　〝駆《か》け込《こ》み寺〟が、その寺に入ってきた人を保護したんですよ。

本間社長守護霊　（彼女の）お母さんの住所を教えてくれよ。

里村　何を言っているんですか。

本間社長守護霊　一回、説得してみよう。

里村　何をされるか分からない。どうするつもりですか。

大川隆法　黒装束《くろしょうぞく》で黒眼鏡《めがね》の人がやってきたら、どうするの？　連れ出すかもしれない。それは大変だ。

本間社長守護霊　「お母さん、大丈夫《だいじょうぶ》？　被害届《ひがいとどけ》を出そうね」って。

大川隆法　あなたのところに返したら、殺されてしまうかもしれない。ずっと、返すわけにはいかないわけですよ。

酒井　そういう話でしょう。要するに、死んでしまう……。

本間社長守護霊　いや、もう一回稼いでもらう。ここまでして、「こっから、いよいよ、利益を還元《かんげん》してくれる」と思って。

## 本間社長守護霊が今回の収録の一週間前に言ったこと

大川隆法　いやあ、全部、あなたの考え一つで動いているのは分かっているんですよ。今日は、（週刊）「女性自身」か何かに、「十億円の損害賠償になるかもしれない」と載《の》っているけど……。

本間社長守護霊　おお、そうです。そうです。

大川隆法　私は、一週間前に、あなた、本間社長の生霊《いきりょう》、守護霊から、直接、それを聞いたんですね。「今すぐ（出家するの）だったら、十億円ぐらい要求するぞ」と言っていた。
それから、「人肉喰《じんにくく》い」（映画）を二つやって、本人は「もうやれない」となっているのに、「来年は何をさせるのか」と訊《き》いたら、「来年は脱《ぬ》がす」と言ったよ。「富美加《ふみか》を脱がすぞ」と言っていたからね。

酒井　うーん。そういうことですか。

本間社長守護霊　そうだよ。だから、このレベルのオファーが来なけりゃ、もう、いよいよそっちに行くしかないわな。

酒井　要するに、「金を取れるだけ取る」と。「どんな仕事でも、金が取れればいい」と。

本間社長守護霊　当たり前だ。育てたのこっちなんだからさあ。当然でしょう。

## マスコミで権力を握《にぎ》っているのは芸能プロダクション？

酒井　本当に、あなた、責任は重大ですよ。たぶん、霊的《れいてき》にも、もっと深い地獄に行くから、あなたに関しては。

本間社長守護霊　私？　いやいやいやいや。この業界のトップになるから。

酒井　〝出世〟しますね、あの世では。

本間社長守護霊　そうそうそうそう（笑）。トップになったら、もう俺がルールだから、問題ないいんだって。

酒井　悪霊《あくりょう》の世界、地獄の世界では、〝大出世〟するかもしれない、このまま行けば。

本間社長守護霊　だから、この業界には誰も手をつけないの。警察も国家権力も及《およ》ばないんだって。

里村　しかし、そう思われていた電通《でんつう》にも入りましたよ、厚生労働省《こうせいろうどうしょう》が。

本間社長守護霊　いやいやいや。無理、無理。この国、腐《くさ》ってるから。

里村　でも、やっぱり、怖《こわ》いところはあるでしょう？

本間社長守護霊　何が？

里村　もし入られたら。

本間社長守護霊　いや、何言ってんだ。おたくらが言ってんじゃないの？　いちばんの権力……、四番目か？　何か知らんけど、の権力はマスコミだと。

里村　うん、うん。

本間社長守護霊　で、そこを本当に握《にぎ》ってんのは芸能プロダクションなんだ。

里村　まあ、その部分もあるんです。

本間社長守護霊　なあ？　分かった？　勉強になったか。

里村　しかし、私は今回、「それは、あって然《しか》るべき構造でも何でもない」ということもよく分かりました。

## レプロからの独立後、本名を名乗れなくなった能年玲奈《のうねんれな》さん

大川隆法　いやあ、「無法地帯」ですよ。
能年《のうねん》さんは、独立を明らかにしていて、名前まで変えて「のん」にし、それでも、

まだ、「レプロに契約《けいやく》が残っているから」と言われ、レプロから出たいけど、出られない。

本間社長守護霊　出られない。

大川隆法　「出させない」ということを、ずっと……。

酒井　その契約はおかしいですねえ。

大川隆法　これは絶対におかしいと思う。法治《ほうち》国家の外にありますよ。

里村　これは驚《おどろ》くべきシステムなんです。本名が、一生、自由に使えないんですよ。

本間社長守護霊　当たり前じゃないか。そういう契約なんだもん。

里村　こんな契約……。契約を解除しても、本名を自由に使えないんですよ。

本間社長守護霊　使えない。

酒井　これは完全な人権侵害《しんがい》ですよねえ。

里村　これについては、本当に視聴者《しちょうしゃ》のみなさんに知っていただきたいんです。

「のん」さんの映画賞受賞に表れた「業界の人たちの良心」

本間社長守護霊　それより、あいつ、俺たちに無断でさあ、何か映画の声優をやってただろうが。ほんっとに、もう。

酒井　それがいつまでも通用すると思ったら、間違いですよ、あなた。

本間社長守護霊　通用するんだって。

里村　その証拠《しょうこ》に、彼女は、今回、映画賞を取りました。「この世界の片隅《かたすみ》に」という映画の声優で（注。「第38回ヨコハマ映画祭」で審査員《しんさいん》特別賞を受賞した）。

本間社長守護霊　ああ？

里村　つまり、徐々《じょじょ》に徐々に〝埃《ほこり》〟が出ているんですよ。

大川隆法　（彼女には）もう味方ができているんで……。

本間社長守護霊　何なんだ、あの映画。

酒井　良心はあるんですよ、やっぱり、業界の人たちにもね。

大川隆法　「おかしいんじゃないか」と思っている人は大勢いるんですよ（注。本収録後の二〇一七年二月十五日、幸福の科学総合本部にて、「能年玲奈の守護霊霊言」を収録した)。

## 本間社長は警察も国会議員も怖《こわ》くない?

本間社長守護霊　いい? この世では、マスコミにさえ報道されなければ、なかったことになるんだって。大丈夫。

里村　ところが、それがだんだん、今回のケースで報道が始まっているんですわ。いろいろなことがありますよ、まだまだ。

本間社長守護霊　警察の「弱み」も、俺たち、握ってるしさあ。だから、別に全然怖《こわ》くないから。ああ。

里村　一部、そういうものもありますよね。芸能プロダクションは、警察上がりの方を、一生懸命、雇《やと》うしねえ。

本間社長守護霊　向こうの情報ももらってるし。

酒井　だけど、これは、どんどん明らかにしないといけないことですね。これで、どんどん「闇《やみ》」を明らかにして。

本間社長守護霊　何が「闇」なのよ。

酒井　そうしたら、どんどん、どんどん、変わってくる。

本間社長守護霊　いや、おたく、勝てない政党なんでしょう？　だから、ウチに、ちょっと修行《しゅぎょう》させに来いよ。どうしたら人気が取れるか、教えてやるからさあ。「一人一千万」でどうだ。

酒井　いえいえ。あなただったら、結局、「脅《おど》して票を取る」みたいな手法でしょう？

本間社長守護霊　俺だったら、絶対に国会議員出せるけどね。

酒井　脅したり、金を渡《わた》したりしてね。

本間社長守護霊　ていうか、国会議員にいるし、客が。フッフ（笑）。

里村　ああ、客にね？　なるほど。

本間社長守護霊　ああ。いっぱいいるよ。野党も与党《よとう》も両方にいるから。

酒井　ダーティーだからねえ。

里村　なるほど。

本間社長守護霊　もう、彼らとも利害が一致《いっち》してっから、この国で俺に逆《さか》らうのは無理。

## 幸福の科学は「神仏《しんぶつ》のつくったマスコミ」でもある

酒井　やっぱり、若者の心を蝕《むしば》んでいきますよ、あなたみたいな考え方は。

本間社長守護霊　ああ。どんどん来い。そんなこと言ったって、みんな信じないから。

酒井　「これが社会だ」と思ったら、やっぱり、本当に病《や》みますよ。

本間社長守護霊　幸福の科学よりレプロのほうを信じてますから、大丈夫。

酒井　そういう大人の姿を見て、病んでいくんですよ。

本間社長守護霊　いいや、大丈夫です。

里村　幸福の科学は、政治や教育でもそうですが、「闇《やみ》」を発見したら、そこに「光の出城《でじろ》」をつくっていくんです。

本間社長守護霊　何かあったら、おまえら、狂犬《きょうけん》みたいに嚙《か》みついて、キャンキャンうるさい。

里村　いやいやいや、嚙みつくのではなくて……。いや、ある意味では嚙みつきますよ。

本間社長守護霊　だから、業界での評判は悪いよ、はっきり言って。〝うるさい宗教〟と言われてるよ、業界では。

里村　いや、だって、「闇」があれば、「うるさい」と言われても、やっぱり、やらざるをえないわけです。

酒井　善悪の「悪」が明確に認定されるのだったら、それは、やっぱり、よろしくないんですよ。

本間社長守護霊　「闇」って、何か……。ウチらの業界にすりゃあ、おたくらこそさあ、妨害《ぼうがい》してくるわけで、「何だ、こいつら」っていう感じ。

大川隆法　だから、「神仏《しんぶつ》のつくったマスコミ」ですよ、うちも。ある意味ではね。そういうものを持っていますからね。

本間社長守護霊　ふーん。それで、そんな本を出してるんですかあ。

映画「沈黙《ちんもく》」を例に出して宗教批判をする本間社長守護霊

酒井　やっぱり、影響力《えいきょうりょく》が強すぎますよ、その悪の。

本間社長守護霊　ああ？　ウチの影響力が強すぎる？

酒井　プロダクションのね。

本間社長守護霊　「沈黙《ちんもく》」なんて、何か出してんじゃん？（注。『映画「沈黙―サイレンス―」にみる「信仰《しんこう》と踏《ふ》み絵」』〔大川隆法著。幸福の科学出版刊〕参照）

あれ、いい映画だよ。だから、「宗教なんか信じたって、結局さ、みんなさ、えらい目に遭《あ》いますぞ」と。ね？　「宗教なんか信じたら、ええことないですよ」と。拍《はく》手喝采《しゅかっさい》だ、あれ。

酒井　いや、ただね、あなたを信じてついていった者は、「血の池地獄」に入っていくわけですよ、最終的には。あの世に還《かえ》って。

本間社長守護霊　いやいや、みんな、そこでは不幸になってないから。喜んでるんだから。

里村　われわれとしたら、「芸能マスコミのほうを信じていったら、あとには、とんでもなく怖いことが待っている」と。それは、今世《こんぜ》だけではなくて、来世《らいせ》も含《ふく》めて……。

酒井　そんな地獄の領域を増やすことを、われわれは許さない。

地獄《じごく》の鬼《おに》は〝人の生肉《なまにく》〟を食べる？

本間社長守護霊　「地獄《じごく》、地獄」って、自分らが天国のような言い方をするんじゃねえよ。

里村　でも、つい先ほどまで、もう、ほとんど認めていたじゃないですか。

本間社長守護霊　何が？

里村　自分で「地獄の掟《おきて》」と。

本間社長守護霊　いや、だから、別に、ステーキは食べられるし、赤ワインの最上級は飲めるし、別に……。

里村　人肉ステーキ？

本間社長守護霊　別に、いいんじゃないの。

里村　血の赤ワイン？

酒井　「ステーキ」っていうのは、誰のステーキ？

本間社長守護霊　知らんよ。ちゃんと焼いて持ってくるんですから。

酒井　あの世で焼いて持ってくる？　何だか分からない？

本間社長守護霊　俺、別に、どうやって調理してるか、知らんよ。

大川隆法　いや、〝生肉《なまにく》〟も食べるでしょう？

本間社長守護霊　まあ、レアはうまいですね。

酒井　血が滴《したた》っているほうがいいんでしょう？

大川隆法　〝生肉〟を食べないと鬼《おに》じゃないでしょう。

本間社長守護霊　レアはうまいですよ、レアは。

里村　まあまあ。″人喰《ひとく》い鬼《おに》″が「育てて、使い終わったら、食べる」

竹内　ちなみに、人を食べると、どんな味がするんですか。

本間社長守護霊　うん？

大川隆法　豚《ぶた》の味に似ている？

里村　何とも言えない？

本間社長守護霊　いい味してるわ。

竹内　いい味？

酒井　豚の味？

本間社長守護霊　うん。

竹内　牛《ぎゅう》や豚より人の肉がおいしいんですか。

本間社長守護霊　うまいんじゃない？

（里村を指して）おまえは、まずそうだなあ。

里村　（笑）私も、食べてほしくありません。

本間社長守護霊　胃もたれしそうだ。

竹内　ちなみに、男性の肉と女性の肉は、どちらがおいしいんですか。

本間社長守護霊　それは、まあ、子供を産む前の女でしょう。

竹内　ああ。そうなんですか。

本間社長守護霊　うん。

竹内　では、なるべくそういう子を捕《つか》まえて、食べるんですね？

本間社長守護霊　そうそうそう。「食べる」っちゅうか、「育てる」んだよ。

竹内　育てて食べるんですか。

本間社長守護霊　育てて、上手に金に換《か》え……。まあ、〝乳搾《ちちしぼ》り〟をしてるんだな。

里村　うん。

本間社長守護霊　変な言い方するなよ。ちゃんと〝牛乳〟が出るんです。

竹内　でも、あなたのいる世界では、最後には食べちゃうんですよね？

本間社長守護霊　使い終わったらね。

大川隆法　うーん。〝鬼プロダクション〟か。

「何一つ悪いことをしていない」と言い張る本間社長守護霊

本間社長守護霊　分かった？

大川隆法　本質は、よく分かる……。

本間社長守護霊　おまえらの負けね。

里村　霊的実体がよく分かりましたよ。

本間社長守護霊　早く十億用意しときなさい。

大川隆法　これは、幸福の科学の会員さんには、まず知ってもらわないといけないでしょうね。表面的な、あんなテレビだけを観《み》ていたら分からないところですから。

里村　はい。

本間社長守護霊　何一つ悪いことをしてませんから。

里村　その意識が怖いわけです。その「悪いことをしていない」という意識がいちばん怖い。それが、いちばん悪いことです。「悪いことをしていない」という、その意識が悪い。

## 「神仏《しんぶつ》の力」を甘《あま》く見ていると、「神仏の罰《ばち》」が落ちる

酒井　では、よろしいですか。

里村　はい。よく分かりました。

大川隆法　もう、この人一人だから。ほかの人は弱いので、〝一人社長〟ですね。ほとんど、一人の独裁者《どくさいしゃ》で……。

本間社長守護霊　そう。私だけ。

大川隆法　すごいね。一人で動いているから。

本間社長守護霊　私が強い。

大川隆法　生霊《いきりょう》としても各所に現れてくる。この一人だけで。

本間社長守護霊　それは、もう、仕事が好きだからね。

大川隆法　この人一人だから、やっぱり、ここを暴《あば》かないと、しょうがないでしょうね。

酒井　そうですね。

本間社長守護霊　真面目《まじめ》なのよ。

大川隆法　あなたは「神仏《しんぶつ》の力」を甘《あま》く見ているようだから、これから、「神仏の罰《ばち》」が落ちますからね。よく覚悟《かくご》しておいてくださいね。

本間社長守護霊　負けません。

## 10 人権上、清水富美加《しみずふみか》さんを護《まも》る必要がある

夜《よ》な夜な、いろいろなところに現れている本間社長守護霊

大川隆法　では、ありがとうございました（手を二回叩《たた》く）。はい、出てください（手を二回叩く）。

（チャネラーの宇田に対して）少し霊障《れいしょう》になってしまい、体調が悪くなるかもしれませんが……。すみませんねえ。

里村　ご苦労様でした。

大川隆法　これ（本間社長守護霊）が、夜な夜な、いろいろなところに行って……。当会には霊能者が多いので、これがいろいろなところに行き、富美加《ふみか》さんのところに

も、隙《すき》を見ては行って、ねえ？　取り憑《つ》いて、ささやいているんでしょう？

竹内　はい。

大川隆法　ささやいたり、ときどき話したりし始めているから。

竹内　昼間も夜も関係なく来ていて、特に夜なのですけれども……。

大川隆法　（清水富美加《しみずふみか》さんは）夜は半分、霊能者になってきているからねえ。だから、これはもう、宗教で護《まも》らないかぎり、悪魔《あくま》系の者たちの虜《とりこ》にされ、身柄《みがら》を確保されて〝向こうの陣地《じんち》〟に持っていかれたら、護れなくなるので、人権上も、これは、どうしても護らなくてはいけませんね。

いやあ、殺されますよ、こんなのに持っていかれたら。

竹内　そうだと思います。本人が本当に不安定になっていますので。

大川隆法　「弱み」に付け込《こ》んで、どんどん攻《せ》めてきますからね。それで、「十億ぐらい要求するぞ」とか言って、これは、もうヤクザですよ。とんでもない。

## 南米の「人身売買」にそっくり

大川隆法　これは、南米あたりで「人身売買」をしている、あの感じに……。

酒井　そっくりですね。

大川隆法　そっくりですよ。出さない。

酒井　そのシステムですね。

大川隆法　それで、今度は、どうせ、「借金を返さないと、それに利子がつくぞ」というような感じでしょう？　仕事で干《ほ》しておいて、「働かなかった分、借金がさらに積もり、もっと働かなくてはいけないんだ」と言う。こうやって延ばしていくんでしょう？

酒井　そうですね。人のいい人であれば、どんどんどんどん、それにハマっていき、ずるずると持っていかれてしまう。

大川隆法　きっと、「欲に釣《つ》られるやつが悪いんだ」という考えなのだろうから、「万の数の人が（オーディション等を）受け、そのなかから選ばれるのだから、ほかに代わりはいくらでもいるんだぞ」ということなんでしょうけどね。

これには「光」を当てる必要があるようですね。

当会の会員さんに、まずは真相を知っていただきたいと思っています。

質問者一同　はい。ありがとうございました。

大川隆法　（手を二回叩く）ご苦労様でした。

# あとがき

芸能界の煌《きら》びやかさに憧《あこが》れる人は多い。毎年毎年多くの若い男女が狭き門をくぐって栄光を手にしようとその世界を目指す。

ところが、そこは煌びやかさとは裏腹の、ドス黒い大人たちの「欲」が蔓延《はびこ》る世界だということが、今回の守護霊インタビューで如実《にょじつ》に示された。

夢見る若者を甘言《かんげん》やあるいは「脅《おど》し」で働かせて「上前《うわまえ》」をはね、その世界から抜けようとする者、掟《おきて》に逆らう者は断固として容赦《ようしゃ》しない。本名すら自由に使わせないなど人権を無視し、命じられるがままの自由なき奴隷《どれい》のような境遇でタレントを使い続ける。まさに地獄そのものだ。

テレビ等で清水さんを批判するようなタレントや評論家は、この「地獄」の掟に絡《から》めとられた宣伝担当といえるだろう。

こんな不正は断じて許してはならない。

清水富美加《しみずふみか》さんの出家は芸能マスコミの闇《やみ》を明るみに出すことになった。清水さんの決断をきっかけに、そもそもレプロ社のような芸能プロダクションがタレントを奴隷のように扱う体質こそが問題だと指摘するマスコミや芸能評論家も現れ始めている。

決して芸能界の全《すべ》てが間違っているとは言わないが、その闇を打ち払い、喜びと幸福に満ちた芸能マスコミを実現する——。本書がその一助《いちじょ》になれば幸いである。

二〇一七年　二月十七日

幸福《こうふく》の科学《かがく》グループ広報局

『芸能界の「闇」に迫る　レプロ・本間憲社長 守護霊インタビュー』

## 大川隆法著作関連書籍

『ザ・コンタクト』（幸福の科学出版刊）

『映画「沈黙―サイレンス―」にみる「信仰と踏み絵」
――スコセッシ監督守護霊とのスピリチュアル対話――』（同右）

『女優・清水富美加の可能性』（同右）

『全部、言っちゃうね。』（千眼美子著　同右）

芸能界《げいのうかい》の「闇《やみ》」に迫《せま》る
レプロ・本間憲社長《ほんまたかししゃちょう》 守護霊《しゅごれい》インタビュー

2017年2月18日　初版第1刷
2017年3月17日　第2刷

編　者　幸福の科学広報局

発行所　幸福の科学出版株式会社
〒107-0052 東京都港区赤坂2丁目10番14号
TEL(03)5573-7700
http://www.irhpress.co.jp/

印刷・製本　株式会社 研文社

落丁・乱丁本はおとりかえいたします

ISBN978-4-86395-879-1 C0014
カバー写真：Therese15/Shutterstock.com／
Anastasia Zenina-Lembrik/Shutterstock.com

# 新刊

## 全部、言っちゃうね。

### 本名・清水富美加、今日、出家しまする。

**千眼美子　著**

芸能界のこと、宗教のこと、今までのこと、これからのこと――。今回の出家騒動について、本人にしか語れない本当の気持ちが明かされる。

1,200円

---

## 女優・清水富美加の可能性

### 守護霊インタビュー

**大川隆法 著**

いま「共演したい女優No.1」と言われ、人気急上昇中の清水富美加――。その"愛されキャラ"の奥にある、知られざる素顔と魂の秘密に迫る。

1,400円

---

## 守護霊メッセージ
## 能年玲奈の告白

### 「独立」「改名」「レプロ」「清水富美加」

**大川隆法 著**

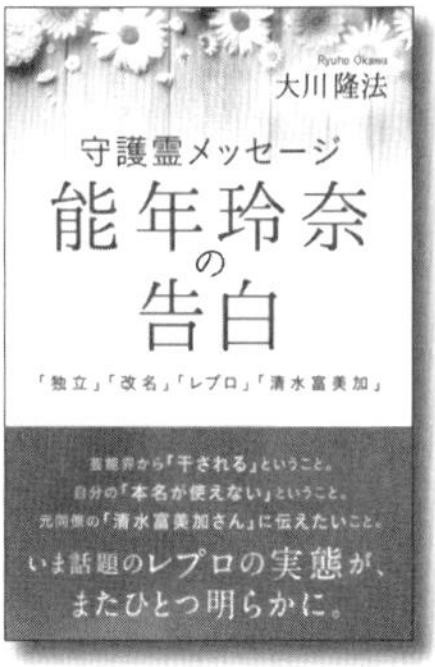


なぜ、朝ドラの国民的ヒロインは表舞台から姿を消したのか？ なぜ本名さえ使うことができないのか？ 能年玲奈の独立騒動の真相を守護霊が告白。

1,400円

※表示価格は本体価格（税別）です。

## 大川隆法 霊言シリーズ・人気の秘密に迫る

# 女優・北川景子 人気の秘密

「知的オーラ」「一日9食でも太らない」など、美人女優・北川景子の秘密に迫る。そのスピリチュアルな人生観も明らかに。過去世は、日本が誇る絶世の美女!?

1,400円

---

# 景気をよくする人気女優 綾瀬はるかの成功術

自然体で愛される──。綾瀬はるかの「天然」の奥にあるものを、スピリチュアル・インタビュー。芸能界には「宇宙のパワー」が流れている?

1,400円

---

# 俳優・星野源 守護霊メッセージ「君は、35歳童貞男を演じられるか。」

ドラマ「逃げ恥」で人気急上昇!
非イケメンの意外なモテ術とは。俳優、ミュージシャン、文筆家とマルチに活躍する才能をスピリチュアル分析。

1,400円

運命を変える、
もうひとつの世界。
君のまなざし
製作総指揮・原案／大川隆法
梅崎快人 水月ゆうこ 大川宏洋 手塚理美 黒沢年雄 黒田アーサー 日向丈 長谷川奈央 合香美希 春宮みずき
（特別出演）
監督／赤羽博 総合プロデューサー・脚本／大川宏洋 音楽／水澤有一 製作・企画／ニュースター・プロダクション 制作プロダクション／ジャンゴフィルム
配給／日活 配給協力／東京テアトル ©2017 NEW STAR PRODUCTION
5.20(土) ROADSHOW

# Welcome to Happy Science!
## 幸福の科学グループ紹介

「一人ひとりを幸福にし、世界を明るく照らしたい」──。
その理想を目指し、幸福の科学グループは宗教を根本《こんぽん》にしながら、
幅広い分野で活動を続けています。

### 宗教活動

**幸福の科学【happy-science.jp】**

- 支部活動【map.happy-science.jp(支部・精舎へのアクセス)】
- 精舎(研修施設)での研修・祈願【shoja-irh.jp】
- 学生局【03-5457-1773】
- 青年局【03-3535-3310】
- 百歳まで生きる会(シニア層対象)
- シニア・プラン21(生涯現役人生の実現)【03-6384-0778】
- 幸福結婚相談所【happy-science.jp/activity/group/happy-wedding】
- 来世幸福園(霊園)【raise-nasu.kofuku-no-kagaku.or.jp】

**来世幸福セレモニー株式会社【03-6311-7286】**

**株式会社 Earth Innovation【earthinnovation.jp】**

30th
おかげさまで30周年
2016年、幸福の科学は
立宗30周年を迎えました。

### 社会貢献

ヘレンの会(障害者の活動支援)【helen-hs.net】
自殺防止活動【withyou-hs.net】
支援活動
- 一般財団法人
「いじめから子供を守ろうネットワーク」【03-5719-2170】
- 犯罪更生者支援

### 国際事業

**Happy Science 海外法人**
【happy-science.org(英語版)】【hans.happy-science.org(中国語簡体字版)】

**教育事業**

**学校法人 幸福の科学学園**

- 中学校・高等学校（那須本校）【happy-science.ac.jp】
- 関西中学校・高等学校（関西校）【kansai.happy-science.ac.jp】

宗教教育機関

- 仏法真理塾「サクセスNo.1」（信仰教育と学業修行）【03-5750-0747】
- エンゼルプランV（未就学児信仰教育）【03-5750-0757】
- ネバー・マインド（不登校児支援）【hs-nevermind.org】
  - ユー・アー・エンゼル！運動（障害児支援）【you-are-angel.org】

高等宗教研究機関

- ハッピー・サイエンス・ユニバーシティ（HSU）【happy-science.university】

---

**政治活動**

**幸福実現党 【hr-party.jp】**

- <機関紙>「幸福実現NEWS」
- <出版> 書籍・DVDなどの発刊
- 若者向け政治サイト【truthyouth.jp】

**HS 政経塾 【hs-seikei.happy-science.jp】**

---

**出版 メディア 関連事業**

幸福の科学の内部向け経典の発刊

幸福の科学の月刊小冊子【info.happy-science.jp/magazine】

**幸福の科学出版株式会社 【irhpress.co.jp】**

- 書籍・CD・DVD・BD などの発刊
- <映画>「UFO 学園の秘密」【ufo-academy.com】ほか８作
- <オピニオン誌>「ザ・リバティ」【the-liberty.com】
- <女性誌>「アー・ユー・ハッピー？」【are-you-happy.com】
- <書店> ブックスフューチャー【booksfuture.com】
- <広告代理店> 株式会社メディア・フューチャー

**メディア文化事業**

- <ネット番組>「THE FACT」【youtube.com/user/theFACTtvChannel】
- <ラジオ>「天使のモーニングコール」【tenshi-call.com】

スター養成部（芸能人材の育成）【03-5793-1773】

**ニュースター・プロダクション株式会社【newstar-pro.com】**

# 幸福実現党

党の機関紙「幸福実現NEWS」

内憂外患《ないゆうがいかん》の国難に立ち向かうべく、2009年5月に幸福実現党を立党しました。創立者である大川隆法党総裁の精神的指導のもと、宗教だけでは解決できない問題に取り組み、幸福を具体化するための力になっています。

幸福実現党 釈量子サイト
**shaku-ryoko.net**

Twitter
**釈量子@shakuryoko**で検索

## 若者向け政治サイト「TRUTH YOUTH」

若者目線で政治を考えるサイト。現役大学生を中心にしたライターが、雇用問題や消費税率の引き上げ、マイナンバー制度などの身近なテーマから、政治についてオピニオンを発信します。

**truthyouth.jp**

## 幸福実現党 党員募集中

### あなたも幸福を実現する政治に参画しませんか

○ 幸福実現党の理念と綱領、政策に賛同する18歳以上の方なら、どなたでも党員になることができます。
○ 党員の期間は、党費(年額 一般党員5,000円、学生党員2,000円)を入金された日から1年間となります。

### 党員になると

党員限定の機関紙が送付されます(学生党員の方にはメールにてお送りします)。
申込書は、下記、幸福実現党公式サイトでダウンロードできます。

住所 **〒107-0052**
**東京都港区赤坂2-10-8 6階**
**幸福実現党本部**

TEL **03-6441-0754**
FAX **03-6441-0764**
公式サイト **hr-party.jp**